教育部人文社会科学研究规划基金项目"建党百年来思政教育话语演进研究：以人民性为视角"（21YJA710045）最终成果

思想政治教育
话语演进研究

闫薇 著

中国社会科学出版社

图书在版编目（CIP）数据

思想政治教育话语演进研究 / 闫薇著. -- 北京：中国社会科学出版社, 2024.6. -- ISBN 978-7-5227-4011-9

Ⅰ. D64

中国国家版本馆 CIP 数据核字第 2024MM6923 号

出 版 人	赵剑英
责任编辑	程春雨
责任校对	夏慧萍
责任印制	张雪娇

出　　版	中国社会科学出版社
社　　址	北京鼓楼西大街甲 158 号
邮　　编	100720
网　　址	http://www.csspw.cn
发 行 部	010-84083685
门 市 部	010-84029450
经　　销	新华书店及其他书店
印　　刷	北京君升印刷有限公司
装　　订	廊坊市广阳区广增装订厂
版　　次	2024 年 6 月第 1 版
印　　次	2024 年 6 月第 1 次印刷
开　　本	710×1000　1/16
印　　张	11.5
插　　页	2
字　　数	147 千字
定　　价	78.00 元

凡购买中国社会科学出版社图书，如有质量问题请与本社营销中心联系调换
电话：010-84083683
版权所有　侵权必究

目　录

导　论 ……………………………………………………………… 1

第一章　马克思主义人民性思想的理论解读 ………………… 27
　第一节　马克思主义人民性思想解析 ……………………… 27
　第二节　思想政治教育话语发展的价值理念 ……………… 41
　第三节　人民性思想为思想政治教育话语演进奠定
　　　　　理论基础和转化依据 ……………………………… 51

第二章　思想政治教育话语的演进历程 ……………………… 57
　第一节　新民主主义革命时期 ……………………………… 57
　第二节　社会主义革命和建设时期 ………………………… 64
　第三节　改革开放和社会主义现代化建设新时期 ………… 69
　第四节　中国特色社会主义新时代 ………………………… 75

第三章　思想政治教育话语的演进特征 ………………………… 81

第一节　新民主主义革命时期思想政治教育话语的特征及
　　　　人民性体现 ……………………………………………… 81

第二节　社会主义革命和建设时期思想政治教育话语的
　　　　特征及人民性体现 ……………………………………… 87

第三节　改革开放和社会主义现代化建设新时期思想
　　　　政治教育话语的特征及人民性体现 …………………… 91

第四节　中国特色社会主义新时代思想政治教育话语的
　　　　特征及人民性体现 ……………………………………… 96

第四章　思想政治教育话语演进的嬗变规律 …………………… 103

第一节　从自在到自觉的主体转型 ……………………………… 103

第二节　与民众利益要求相结合的客体需要 …………………… 107

第三节　与时代同行的环体创设 ………………………………… 113

第五章　思想政治教育话语演进的发展取向探索 ……………… 126

第一节　推进思想理念大众化 …………………………………… 126

第二节　实现价值内化与转化 …………………………………… 145

第三节　铸牢中华民族共同体意识 ……………………………… 158

参考文献 ………………………………………………………… 173

后　记 …………………………………………………………… 181

导　　论

一　命题的提出及研究意义

（一）选题缘由

习近平总书记说："马克思主义博大精深，归根到底就是一句话，为人类求解放。"① 中国共产党之所以从建立之日起，就将马克思主义作为自身的指导思想，一是因为马克思主义是科学真理，具有鲜明的科学性；二是因为马克思主义所蕴含的价值性、人民性。"人民性"突出人民的主体地位及人性的价值，是马克思主义最本质的特征，彰显了马克思主义的理论主题。

理论的传播和转化离不开话语，以马克思主义为指导的中国共产党成立百年以来，人民性向度的思想政治教育话语表达是其显著标志。在革命和建设与改革的不同历史时期，思想政治教育话语作为马克思主义人民性思想阐释的介质发挥着重要作用，呈现出民族性、时代性和历史性。人民性思想的中国化解读和思想政治教育话语演进，体现

---

① 习近平：《在纪念马克思诞辰200周年大会上的讲话》，《人民日报》2018年5月5日第2版。

了对马克思主义基本价值取向的继承和发展，也体现了中国共产党从主体、客体和工具三个角度回应实践需要的自觉。① 在中国共产党建党百年之际，以人民性为向度梳理思想政治教育话语演进历程，进而深刻总结其中蕴含的发展规律，有助于在承传赓续中深化民众对人民性思想的认同，进而转化为共治、共建、共享的强大合力，推进新时代"以人民为中心"价值取向的现实转化。具体表现在以下三个方面。

1. 深化对马克思主义人民性思想理解的理论需要

早在青年时代，马克思就在其中学毕业论文《青年在选择职业时的考虑》中写道："在选择职业时，我们应该遵循的主要指针是人类的幸福和我们自身的完美。"② 这一指针和选择使马克思从精神上和方向上决定了他自己的一生——为了无产阶级和人类解放。这一马克思终其一生孜孜以求的伟大目标，使他的理论不仅具有科学性，更充满了价值性。让无产阶级获得自由、发展和解放，实现每个人自由和全面地发展，这份马克思的"初心"随着十月革命一声炮响，也成了中国共产党的"初心"。正是在马克思主义中，我们看到了一种对资本主义制度的彻底的批判精神，透视出一种对人类生存异化状态深切的关注之情，领悟到一种旨在实现无产阶级和人类解放的强烈的使命意识。马克思主义的创立源于为无产阶级打破旧枷锁、建设新世界的行动提供理论指导，意在通过对资本主义私有制的揭露和批判，改变人对物的占有方式，进而消除人的异化状态，并在此基础上建立按社会主义原则组织起来的"自由人联合体"，即"真正的共同体"。"在那里，

---

① 参见杨彬彬《人民性思想表达的话语演进与现实意义》，《思想教育研究》2019年第4期。

② 《马克思恩格斯全集》第1卷，人民出版社1995年版，第459页。

每个人的自由发展是一切人的自由发展的条件。"① 所以，对于人的现实和终极的关怀是马克思主义一以贯之的核心要义，也是其价值性的核心体现。《共产党宣言》指出："过去的一切运动都是少数人的，或者为少数人谋利益的运动。无产阶级的运动是绝大多数人的，为绝大多数人谋利益的独立的运动。"② 在此意义上，马克思主义以"人是人的最高本质"为准绳，系统地剖析了资本主义的发展走向和人类解放的现实可能。其中，既揭示了社会历史发展的内在规律，凸显其科学性和历史性，又在更深层次上探索和聚焦被压迫阶级的现实境遇和利益诉求，彰显出鲜明的价值性和人民性。马克思主义不仅关注现实社会及其历史演变，而且关注现实的人及其历史发展；不仅考察了资本主义的社会形态，而且考察了资本主义条件下人的生存状态；不仅提出共产主义是对生产资料私有制的积极扬弃，而且提出共产主义是"通过人并且为了人而对人的本质的真正占有"；不仅强调共产主义是"集体财富的一切源泉都充分涌流"③的社会形式，而且更为强调共产主义是"以每一个个人的全面而自由的发展为基本原则的社会形式"④。

2. 推进思想政治教育话语创新发展的现实需要

习近平总书记在党的十九大报告中指出，中国共产党人的初心和使命，就是为中国人民谋幸福，为中华民族谋复兴。作为最广大人民群众利益的维护者和实践者，中国共产党从创立至今，始终践行全心全意为人民服务的根本宗旨，带领中国人民成功走出一条中国特色的

---

① 《马克思恩格斯选集》第1卷，人民出版社2012年版，第422页。
② 《马克思恩格斯选集》第1卷，人民出版社2012年版，第411页。
③ 《马克思恩格斯选集》第3卷，人民出版社2012年版，第365页。
④ 《马克思恩格斯选集》第2卷，人民出版社2012年版，第267页。

社会主义发展之路，并在这条中国式现代化道路上不断前行。在这一过程中，人民是历史的开创者，也是社会发展成就的受益人。思想政治教育话语作为马克思主义人民性思想阐释的介质，是一个过程性、历时性的命题，其现实样态是在历史发展维度上的变迁与更迭，同时也是在现实意义上各类要素互通构成与相互作用中形成的，具有系统的历史发展脉络与深刻的逻辑发展链条。

研究思想政治教育话语动态发展过程是对思想政治教育话语发展特征和运动趋势的认识和把握，是对思想政治教育话语发展本质的认识和深化。[1] 以马克思主义为指导的中国共产党成立百年以来，人民性向度的思想政治教育话语表达伴随着社会和时代的变迁，适应了党在不同历史时期工作任务的要求以及人民群众的需要。以马克思主义人民性思想为指导，中国共产党的思想政治教育话语样态初步形成于新民主主义革命与社会主义革命和建设时期，丰盈开拓于改革开放和社会主义现代化建设新时期，创新发展于中国特色社会主义现代化建设新时代，并随着时代的演进和实践的发展不断拓展与丰富、改进和创新，获得了历史性发展。为了系统地把握人民性向度的思想政治教育话语发展的逻辑进路和理论纵深，需要挖掘人民性向度的思想政治教育话语发展的历史脉络，探究其在历史发展过程中的内在理论逻辑以及话语发展的现实逻辑，通过前后一致的概括综合标准，呈现历时性的演进特征，集中凸显新时代人民性向度的思想政治教育话语发展的赓续传承与创新发展，从而为探究新时代思想政治教育话语发展的新样态以及未来发展路向提供基本依循。

---

[1] 参见吴琼《思想政治教育话语发展研究》，中国社会科学出版社2017年版，第113页。

3. 凝聚共治共建共享合力的实践需要

思想的力量呈现要依托于生动的社会实践。马克思人民性思想的指导性和价值性源于中国特色社会主义现代化建设的显著成效和蓬勃生机。人民性向度的思想政治教育话语转化既是中国共产党从自在到自觉的主体思想诠释和话语体系构建的结果，也是社会主义现代化建设实践成效不断为人民共有共享的历史必然，同时还是价值性与工具性有效融通的思维导向。

思想政治教育话语体系是中国共产党在长期革命、建设和改革实践中生产出来的独特的政治宣传话语体系，是党在社会实践中积累起来的处理人民内部思想问题的工具和载体，具有凝心聚力的重要作用。在长期的社会发展实践中，中国共产党人自觉地把人民的需要作为思想政治教育话语建构的基点和话语转化的源泉，不断地调整和完善话语内容以及言说方式，将思想政治教育话语内涵与广大人民群众的诉求有效联结，以人为本，充分满足人民不断发展的期盼和需要。新时代思想政治教育话语的发展转换需要在赓续传承中继续毫不动摇地站稳人民中心立场，真正做到发展为了人民，发展依靠人民，凝聚最大公约数，画好最大同心圆。

全面建设社会主义现代化国家是一个系统工程，而中国特色社会主义现代化建设的深厚支撑和主体力量来自最广大人民群众。社会主义的本质是实现全体人民的共同富裕，是依靠人民力量发展的，同时发展成果惠及全体人民，是不断增强人民群众获得感和满足感的独立的社会形态。面对社会主义现代化建设的复杂形势和艰巨任务，需要动员一切力量，调动全民参与热情，借由人民的支持和参与才能得以实现。在此过程中，思想政治教育话语要发挥动员组织作用，就要切中群众利益诉求，破解民众的实际问题和困难，以此赢得人民群众的信任和支持，从而巩固团结统一的社会局面，夯实凝聚民心的社会基础。立足中国共产党百年时间坐标来梳理思想政治教育话语演进历程，总结其发展规律，有助于在承传赓续中深化民众对马克思主义人民性思想的认同，进而转化为共治、共建、共享的强大合力。

(二) 研究意义

以人民性为视角进行建党百年以来思想政治教育话语演进研究的意义主要体现在以下三个方面。

1. 有利于深化对马克思主义人民性思想的理解认同

坚持以马克思主义为指导，是当代中国哲学社会科学区别于其他哲学社会科学的根本标志。马克思主义的人民性思想以唯物史观为基石，秉承人民群众是历史的创造者的理论定位，极大地凸显了人民的主体地位，这是人类发展史上的一次突破，具有不容忽视的重大价值。回顾思想政治教育话语发展演进历程，探寻其中一以贯之的人民性话语发展逻辑，必须坚持以马克思主义基本理论和基本方法为指导。马克思主义作为中国共产党的指导思想，谋求全人类的解放和人的全面发展是其矢志不渝的终极价值目标，兼具科学性和价值性。纵观马克思主义的发展演进史，人民性思想贯穿始终，历经从酝酿到萌发、再到确立和发展的一系列演进，演进背后的逻辑是在寻找革命主体过程中，随着对"现实的人的解放"的理解逐渐深入，进而逐步展开的。本书从对马克思主义人民性思想的分析切入，系统剖析这一思想的发展演进史，总结其中的立场、观点和方法，将有助于深化民众对于马克思主义人民性思想的理解，增进理论认同和情感共鸣，从而为思想政治教育话语的更新与发展奠定理论基础和转化依据。

2. 有利于加强思想政治教育学科的基础理论研究

2016年5月，习近平指出："发挥我国哲学社会科学作用，要注意加强话语体系建设。"① 理论的传播和转化离不开话语，马克思主义人民性思想在中国大地的传播是以思想政治教育话语作为介质的。中国共产党自诞生之日起就着手创建自己的思想政治教育体系，思想政治教育话语作为这个体系的重要范畴，是思想政治教育内容的构建者和思想政治教育实践活动的参与者。因此，要客观地阐释马克思主义人民性思想在中国的传播过程和思想内涵，需要从建党百年来思想政治教育话语的演进轨迹中去探寻描摹。从动态的过程角度把握思想政治教育话语的创新发展，必须顺应国际、国内形势发展的时代要求，需要将理论的传播与实践的展开融通起来，立足不断发展的世情和国情，对思想政治教育话语要素的内在联系和内容结构进行系统深入剖析，从而探寻新时代思想政治教育学科的理论继承和发展趋势。以人民性为向度梳理思想政治教育话语演进历程，进而深刻总结其中蕴含的发展规律，将有助于深化思想政治教育的基础理论研究，推进思想政治教育话语转换的深入发展，为中国特色话语体系建设提供更多理论素材和实践资源。同时，通过探索思想政治教育话语建构和转换的嬗变规律，系统地勾勒出人民性向度的思想政治教育话语在中国实践中的深刻历程和建构方式，把握思想政治教育话语变迁趋势并进一步对思想政治教育发展脉络有一个清晰的了解，有利于思想政治教育者把握思想政治教育发展的路径及基本走势。

3. 有利于推进新时代"以人民为中心"价值取向的现实转化

"人民性"思想作为马克思主义的重要特征，从来就没有止步于

---

① 《习近平谈治国理政》第2卷，外文出版社2017年版，第346页。

马克思的时代,随着时代的变迁,"人民性"思想的光芒不仅从未黯淡,反而愈发耀眼。在中国共产党的百年奋斗史中,人民被始终置于价值序列的首位,成为发展目标的终极归依。实践证明,以马克思主义为指导思想的中国共产党对于"人民性"思想的继承和发展,是建党百年来取得伟大成就的一条重要经验。中国共产党百年来的发展成就背后,是不变的为民初心,是"以民为本"的价值归依。语言是思想的直接表现,人民性向度的思想政治教育话语在保持其服务于社会发展的工具性价值的同时,越来越重视促进人的全面发展,关注人的终极追求的目的性价值的发挥。马克思指出:"人们为之奋斗的一切,都同他们的利益有关。"① 在社会实践发展中,思想政治教育话语要更加关注人们生存、生活、发展的根本要求,更加尊重人民群众的权利和利益,通过与民众的利益要求相结合,在满足民众需要,解决实际问题和具体矛盾过程中赢得话语权力,使人民群众产生共鸣,发挥引领人民成为社会发展终极动力的实践价值。话语演进的方法论通过推进思想理念的大众化,有利于不断凝聚改革共识,增强治理合力,实现动能转换。通过重构"价值共同体",铸牢"中华民族共同体意识",以政党自觉引导民族自觉,以人民合力推进人民共建共治共享。②

二 国内外研究现状述评

(一)国外研究现状述评

国外关于话语研究的起步较早,成果丰富,研究流派较多,话语

---

① 《马克思恩格斯全集》第1卷,人民出版社1995年版,第187页。
② 参见杨彬彬《人民性思想表达的话语演进与现实意义》,《思想教育研究》2019年第4期。

理论也较为系统。现有的国外研究内容能够给我国话语研究带来启发意义，拓展我国话语研究的新视野、新思路，以及提供新角度、新方法。国外关于人民性向度的思想政治教育话语的研究较为少见，没有太多可直接借鉴的资源。但在人民主体性以及公民教育话语、意识形态话语权方面的一些研究成果对于我国思想政治教育话语的发展创新还是具有一定的参考价值和借鉴意义的。

1. 关于人民主体性思想的研究

马克思在总结巴黎公社经验的基础上，曾经写成了一部重要的理论著作《法兰西内战》。在此篇著作当中指出人民抑或是人民群众，应当在社会当中具有自主性，占据主体性的地位。① 除此之外，马克思在《德意志意识形态》《关于伊壁鸠鲁哲学的笔记》中都曾经提到人民主体性的问题。

在《法兰西内战》的论述当中，就巴黎公社人民构成的分析，使用的是阶级的方法。阶级的方法在本质意义上是一种经济学的逻辑方法，阶级的分析、划分方法就是牢牢地握住经济对于政治的决定性作用。如何分析阶级所掌握的生产资料，人民作为生活的主体当中各个不同的群体，有着什么样的生产资料，有着什么样的共同利益诉求，将决定了从长远而言，集体选择何种政治道路。巴黎公社运动虽然失败了，但是人民主体的思想镌刻在了人类思想史上。马克思以人民为主体的这一思想理念，围绕着人民对于发展有着怎样的诉求，社会有着怎样的矛盾，执政党和国家应当采取怎样的行动，产生了巨大的学术影响。

---

① 参见刘真金、肖铁肩《从〈法兰西内战〉看马克思的人民主体思想及其当代价值》，《马克思主义研究》2011 年第 5 期。

在马克思、恩格斯以及列宁的人民群众观当中,强调对于一个无产阶级政权而言,要有武装到精神的决心、信心和恒心。① 马克思、恩格斯的人民群众观论述,在政治化建构即政治社会化过程当中,不断得到更加生动的实践与验证。无产阶级政党对政治话语结构的统治,即其合法性、权威性的来源在人民需要的实现程度,人民主体、以人为本在其理论体系建构与革命实践历程当中发挥着重要作用。从我国的革命和建设实践来看,坚持马克思主义的群众观点,以人民为主体,都是追寻革命胜利和推进中国特色社会主义现代化建设必不可少的一种价值维度。

在《经济与社会》这本著作当中,马克斯·韦伯对人民性,对政权和国家话语结构体系形成的重要性进行了一定程度的剖析。马克思主义等经典作家对于话语体系演变的相关研究,突出的特点是其重视国家机关的作用。与此同时,突出政治社会化本质,强调国家的可以作为性。究其根源,是因为执政党以人为本的宗旨,是其人民性及其合法性的根本来源。

2. 对于权力与教育关系的研究

约翰·杜威在《民主与教育》这部著作当中分析了民主交往理论,对于公民的社会生活、道德生活、教育生活与民主社会制度之间的关系,做了十分有益的开创性的定位与分析。② 对于经济发展带来的社会问题,如何通过民主政治生活做到民有、民享、民智,其实是和马克思主义理论中关于这方面的思想观念相近似的。

---

① 参见寇清杰《列宁人民群众观及其当代价值》,《思想理论教育导刊》2013 年第 10 期。
② 参见王振林《约翰·杜威与民主交往理论》,《吉林大学社会科学学报》2010 年第 5 期。

其他的一些教育家也对权力或者说政治生活与教育的关系进行了相当有益性的开拓与分析。当代美国著名教育学家迈克尔·W. 阿普尔著作等身，在其分析的观点当中，国家政治政党权力对于文化治理当中的教育事业，不仅仅起到了制度上的支撑，职能上的服务，经济及其他资源上的援助作用，更为重要的是原治理动力的提供，也就是意识形态。对于不论在何种经济社会制度当中的民族主权国家而言，意识形态的掌控与发展都关系到治理权威的合理性、合法性，更关系到青少年乃至幼儿一代的思想素质，相应的政治权威对接、课程设置、家校互动、教师群体与家长群体的互动，在多个维度都凸显教育事业人民性的至关重要性。

3. 对于话语分析的研究

20 世纪七八十年代，话语研究开始在国外出现，最早提出"话语"概念的是弗斯和哈里斯。深受当代西方语言哲学和后现代主义影响，话语理论认为，社会科学的研究对象如"现实""世界""文化""历史""人"等，与语言和其他社会符号的构建活动是分不开的，因此将这种话语的现实建构活动作为对象来研究，人们称为社会科学的"语言转向"。面对多元、复杂的话语，学者们由于具有不同的知识背景和学术旨趣，而运用了不同的研究视野和个性化的解析方式。话语分析呈现出多元化的探索路径。

在意识形态的话语结构分析方面，许多社会语言学家提出很多极具启发意义的重要观点。瑞士语言学家索绪尔作为结构主义的创始人，是现代语言学理论的奠基者，他把语言学塑造成为一门影响巨大的独立学科。从索绪尔的结构主义来看，话语、语言抑或言语，都是代表了政治权威性、合法性之下，一个国家运转过程当中，政治、经济、文化等资源分配的差别带来的不同群体的发展差别,最终形成的就是政治社会的话语结构。① 20 世纪 80 年代初,英国语言学教授费尔克拉夫开始将研究重点放在批判的话语分析上,将语言分析作为研究社会变化的一种方法。他将话语看作一种社会实践,突破语言学框架,将话语分析引入社会学领域。他建立了三个向度的话语分析框架,即文本向度、话语向度和社会实践向度。在社会实践向度上,他将话语与意识形态、霸权等概念联系起来。"意识形态在各种层次以各种方式介入语言之中"②,于是,话语实践成为意识形态建构与斗争的一种方式。在任何政权当中,这一过程都会产生大量的主体间性的话语建构过程。从中国共产党百年的发展历程来看,支撑着思想政治教育话语体系演变的根本性要素就是社会性建构的人与人之间的关系。多种资源支撑之下所构成的一种话语权角力互动,就是话语体系不断演进创新的终极动态。

法国的语言社会学家皮埃尔·布迪厄,对语言和经济的关系有着较为深刻的论述。③ 他认为在经济社会活动交往过程当中,语言就是重要的资本。布迪厄的文化资本论认为,语言是一种符号权力的关系,话语权就是最终这种符号权力此消彼长的一种体现。社会文化分析将话语看作一种社会实践,并将这种实践行为放于社会文化背景中进行考察。这种方法不仅关注话语行为和话语产品,而且关注话语的社会文化要素和语境与话语行为之间的关系。特别是在当今的全球化

---

① 参见王永祥《"语言"与"话语":两种语言哲学视角论略》,《外语学刊》2010 年第 4 期。
② [英] 费尔克拉夫:《话语与社会变迁》,殷晓蓉译,华夏出版社 2003 年版,第 81 页。
③ 参见苑国华《论布迪厄的社会语言学——"语言交换的经济"理论》,《北方论丛》2009 年第 2 期。

时代，话语体系的构建都能够通过布迪厄的语言交换的经济理论，或者说文化资本理论去进行解析，甚至能够预见其继续演进的规律和趋势。

从以上的几类关于话语分析的研究可以看到，一方面，话语分析已经不仅仅局限于语言传播领域，而是向更广的范围和更大的领域延展。一个国家、一个政党的话语体系的研究演进，既代表了经济发展的趋势、过程与特征，又反映了占据不同生产资料的群体所衍生的资源分配的问题。从中我们不难发现，关于话语的研究已经从语言学延伸至政治、经济、文化领域的分析。另一方面，国外话语分析的研究起步较早，带有西方思维和价值观，并不能完全切中中国话语现实。因此，要推进我国思想政治教育话语研究的深化和拓展，其中最为关键的一点是，要对我国的世情、国情、地情、民情有一个十分精准科学的判断，并据此提出有效的话语分析路径和分析模型。

（二）国内研究现状述评

近年来，思想政治教育话语研究是思想政治教育学科基础理论研究中的热点问题，在中国知网中以"思想政治教育话语"为关键词可以检索到各类学术论文和学位论文 2000 余篇，呈现马克思主义理论、语言学、传播学、政治学等多学科交叉研究的特点，以及多样化的研究视野。这既体现了不同学科对于话语研究的关注，说明了思想政治教育话语研究的必要性和重要性，也展示出对于这一问题研究的开放性和发展性，预示着多学科的整合性趋势。学者们结合新的时代背景，用习近平新时代中国特色社会主义思想、中国精神、全媒体、微时代等观照思想政治教育话语的创新发展，在基础理论、发展演进、开拓创新等方面都有很多有益的探索，为进一步深化对于这一问题的研究提供了多元视角和理论资源,与本书论题相关的研究内容主要集中在以下几个方面。

1. 马克思主义中国化进程中人民性概念的本土化

在马克思主义的发展历程中,人民性是至关重要的主旨。以马克思主义为指导的中国共产党,从始至终都十分强调人民性,坚持以人民为中心的话语内涵,所以人民性既赋予政党政权以合法性,又说明了政党政权权威性的重要来源。在马克思主义中国化的进程中,对人民性的理解与阐扬,始终是我们党理论发展的重中之重。马克思主义的中国化尊重人创造历史的历史唯物主义和辩证唯物主义观点,在中国特色社会主义事业的建设进程中,以人民性为核心理念和重要的价值导向。学者们从人民性的基本内涵入手,从不同视角进行分析。邹绍清认为坚持"党性"与"人民性"相结合是社会主义意识形态的内在要求和本质要求,把握这一基本要求是我们牢牢把握思想政治教育工作话语权的基本要求。为此,她强调必须牢固树立"阵地"意识,运用马克思主义的观点和方法,从理论上对"党性"与"人民性"的分离这个错误倾向进行辨析和批判。[1]王汝秀将人民性的重要力量强调在不同的时代当中,如在我国革命和建设过程中,人民性是毛泽东思想的重要思想武器,也是邓小平理论解决何为社会主义并如何建设的根本点,亦是"三个代表"重要思想始终代表着最广大人民的根本利益的折射。[2]苗双双、冯建军将人民性解释为中国特色社会主义理论的核心,坚持以人民为中心是我

---

[1] 参见邹绍清《论意识形态的党性和人民性统一及其实践路径——兼论思想政治教育创新的实践导向》,《马克思主义研究》2014 年第 7 期。

[2] 参见王汝秀《中国化马克思主义的人民性》,《探索》2004 年第 1 期。

国教育事业发展的价值取向和根本立场。在教育改革和发展的进程中要以满足人民对美好生活的需求为目标,坚持教育成果由人民共享,推动人的全面发展。① 与此同时,徐卫红也将人民性的特征体现在教育之中,她强调人民性是马克思主义的突出特点,也是百年来中国教育在党的领导下的鲜明特征。人民性蕴含着中国教育依靠人民,为了更好地实现"教育为民"的宗旨,坚持群众路线,依靠群众发展教育,将教育与人民相契合。② 王易则从不同维度出发,想要更深刻地领会习近平新时代中国特色社会主义思想人民性的意蕴,要从多个维度出发,主要表现为人民至上的根本立场、以人民为中心的发展理念,以最广大人民的根本利益为己任,以人民对美好生活的向往为奋斗目标。③

而思想政治教育与人民性发展的最重要的一种关联,即是能够引导更多的"个体人"去追求教育,满足自身发展需求,形成"集体人"。培根铸魂、立德树人是我国思想政治教育非常重要的一个价值导向。在这样的过程中,彼此理解,建构助力,形成合力,从而对民族的发展,国家的进步,文化的昌盛产生积极的作用,使中国共产党领导下的思想政治教育更切实地彰显其人民性。④

2. 中国共产党思想政治教育话语体系的历史嬗变

建党百年以来,思想政治教育的话语体系也在诸多维度有着多层

---

① 参见苗双双、冯建军《人民性:中国特色社会主义教育理论的核心》,《中国教育科学》(中英文)2022年第1期。
② 参见徐卫红《中国共产党领导下中国百年教育的人民性特征》,《教育史研究》2021年第2期。
③ 参见王易《习近平新时代中国特色社会主义思想的人民性意蕴》,《人民论坛》2020年第24期。
④ 参见张耀灿、陈万柏主编《思想政治教育学原理》,高等教育出版社2001年版,第39页。

次的演变历程。学者们从话语内容、话语特征、话语功能、话语转换等多个角度描述和阐释了思想政治教育话语随着时代发展演变的演进历史和嬗变逻辑。甄贞在文章中提到，党的理想和宗旨是党的话语体系建设中始终不变的内容，但在不同的历史阶段，随着其主要任务和目标的转变，其具体政策、导向和语言表达方式也有了阶段性的变化，作者通过不同时期党的话语体系展现其演变脉络。① 柴新珂表示，中华人民共和国成立后，思想政治教育话语经历了三个发展时期及曲折发展、改革探索和快速发展、开拓创新等，其过程表现出了建设性、运动性、改革性、科学性、创新性、时代性等多种丰富的话语内容，如从中华人民共和国成立时的"劳动最光荣"，到改革开放时期的"实践是检验真理的唯一标准"，再到党的十八大以来的"讲好中国故事"这一过渡过程。② 王东红、魏宗媛从中国特色的话语内容、话语方式、话语载体的变迁当中，分析其由改革到发展的话语内容，从权威到交互的话语模式，从传统到当代的话语载体。文章认为，不管思想政治教育话语如何演变，如何发展，其话语内容始终以党的中心工作为主线，话语模式应随话语对象素质的提高而发生变化。③ 王慧婷系统地梳理了社会主义建设初期和改革开放以来的思想政治教育话语体系的历史嬗变，并细致地将各个时期分为三段过渡。她认为在社会主义建设初期思想政治教育话语具有持续政治化的趋势；而在改革开放以来，随着学科的发展，思想政治教育话语也呈现出专业化、学科化、系统化的

---

① 参见甄贞《百年来党的话语体系的演变脉络及现实定位》，《河北学刊》2022 年第 2 期。

② 参见柴新珂《新中国成立以来思想政治教育话语的历史沿革与启示》，《学校党建与思想教育》2021 年第 20 期。

③ 参见王东红、魏宗媛《建党百年思想政治教育话语演变及经验启示》，《吉林师范大学学报》（人文社会科学版）2021 年第 3 期。

趋势。[①] 从思想政治教育话语的主客体维度来看，建党百年以来，话语权威互动式的转变是比较鲜明的特色之一，话语的主客体之间的关系不再是话语传导主体单向度的输出，而是变得更加平等与开放，更多是通过平等对称的方式双向互动，达到思想政治教育的目的。可见时代造就话语体系，话语体系又反映着时代对于主客体的一种权威性影响。建党百年以来，思想政治教育话语的载体，经历着由传统向现代的转变。习近平指出："善于运用网络了解民意、开展工作，是新形势下领导干部做好工作的基本功。"[②] 这不仅肯定了互联网和信息化给党的工作带来的有利条件，而且对党员干部提高自身网络媒体素养提出了要求。所以我们要对互联网思想政治教育议题的设置保持高度关注，在网络空间形成自己的舆论引导权、主动权，以及最后的有效空间治理权。

3. 关于思想政治教育话语现实困境的研究

在当下，思想政治教育话语的权威演变也好，内容发展与生成的逻辑也好，面临哪些主要的挑战呢？首先，话语权威的生成机制来源于政权的合法性，思想政治教育的有效性来源于其内容确立的内生性力量，来源于教育者和被教育者双向互动联系的具体实践过程。所以当今，思想政治教育面临着的首先是话语有效性的困境，话语表达面临着时代的新挑战，即能否用青少年一代认同的话语传导价值观。其次，思想政治教育还面临着价值性的困境，主流意识形态话语内在的价值与意义，遭受工具理性文化的一种反噬。所以能否发生一种仍旧

[①] 参见王慧婷《思想政治教育话语的历史演变和创造性转换》，硕士学位论文，浙江大学，2019年。

[②] 《习近平谈治国理政》第2卷，外文出版社2017年版，第336页。

以人为本的话语上的自我超越，变得现实而重要。最后，思想政治教育话语的叙事性困境，要用更加丰富多元、富有时代性和科学性的教育内容，去完成思想政治教育功能的目标。如何建立统一、连贯、总体能够接受的，不仅科学合理而且生动灵活的叙事结构就成为一大难题。习近平总书记提出"要加快构建中国话语和中国叙事体系，用中国理论阐释中国实践"①，又在中共中央政治局第三十次集体学习时强调，首先需要回到思想政治教育话语传播的本质去寻找更新、更科学、更体系化的路径。通过话语体系的筛选，在叙事结构建构的过程中，反映的是人民所筛选出的各种议题兴趣、利益交汇与情感共鸣，最终提升为人的认同，形成从认知到行动再到认同这样的一个逻辑闭环。

4. 关于思想政治教育话语创新与发展的研究

对于思想政治教育话语在新时代背景下的发展创新路径的研究，既是重点也是难点。学者们在话语理念、模式、内容、载体及方式等方面进行了多角度探索。关于思想政治教育话语体系内容、功能及特征，高惠敏列出高校思想政治教育话语体系包括内容、表达、传播、保障、评估五大体系，体现了引导、转换、激励、辩护、引领等功能，体现了政治性和学术性、科学性和人本性、恒定性和动态性、统一性和多元性。② 就思想政治教育话语体系的影响力而言，许多学者从不同视角分析出不同的意蕴。邱仁富学者认为，话语并非通过第一次传播就可以产生影响，而是在原有的基础上，通过不断的创新才得以产生

---

① 《习近平在中共中央政治局第三十次集体学习时强调：加强和改进国际传播工作 展示真实立体全面的中国》，《人民日报》2021年6月2日第1版。

② 参见高惠敏《新时代高校思想政治教育话语转换研究》，硕士学位论文，合肥工业大学，2021年。

影响。① 欧阳光明和刘秉鑫认为，在思想政治教育中，话语具有一定的意识形态性质，并且产生一定的"影响和辐射"。② 郭毅然运用交往理性的思维，提出思想政治教育话语方式要从控制式和劝导式转向对话式，话语内容要更加贴近生活世界，话语内蕴要融注更加积极的情感。③ 骆郁廷和项敬尧认为，思想政治教育新策略要在习近平新时代中国特色社会主义思想的指导下，加强对理想信念和"四个自信"的培养，加强对社会主义核心价值观的教育，以人民为本，加强人文关怀。④ 全球化特别是网络信息化的飞速发展，让人类进入了网络媒体新时代，网络思想政治教育话语成为热点话题。季海菊从新媒体的角度阐述了网络思想政治教育话语的概念，提出了利用网络技术、跨界思维作为逻辑起点，通过多种形式的信息交流活动，包括说话人、受话人、文本、沟通和语境等要素，以实现特定的思想政治教育目标。其内涵体现为"超越了作为社会符号的语言""话语传播呈现多模式、多形态"并"更具人性化和契合性"。⑤ 吴琼提出，话语创新并非完全放弃传统的思想政治教育话语，而是在深入分析传统话语的基础上，通过转换话语语境、丰富话语内容、拓展话语方式等路径，实现对传统思想政治教育话语的改造。⑥ 潘晴雯认为，高校思想政治教育话语转换需要克服意识形态一元与话语受体多元、话语形式单一与话语需求多元、主

---

① 参见邱仁富《思想政治教育话语的基本结构和功能》，《思想政治教育研究》2011年第5期。
② 参见欧阳光明、刘秉鑫《新媒体时代思想政治教育话语权及其建构维度》，《思想理论教育》2016年第6期。
③ 参见郭毅然《交往理性：思想政治教育话语变革的根基》，《探索》2007年第5期。
④ 参见骆郁廷、项敬尧《论新时代思想政治教育创新发展的基本遵循》，《思想理论教育》2018年第1期。
⑤ 参见季海菊《话语重塑：高校思想政治教育的时代要求》，《学海》2013年第6期。
⑥ 参见吴琼《思想政治教育话语创新应当体现人文关怀》，《求实》2008年第7期。

流话语封闭与话语开放、官方话语与民间话语置换时差这四重矛盾。通过创新思想政治教育话语价值、重置话语权、重设话语维度和转换话语方式，来建构思想政治教育新的话语体系。① 在整个思想政治教育的过程中，多数学者都认为应当从对象、内容、目的、方法等维度充分地尊重、重视人民的价值主体地位。总体而言，思想政治教育体系依托于人民性和党性，最终为的是能够建立起人民自己的完整的科学信仰体系。

综上所述，马克思主义的人民性以及思想政治教育话语的演进历程和发展研究已经取得了很大进展，但已有研究成果的理论性和系统性仍不够充分，还有许多问题需要进一步深入探讨。首先，对于马克思主义人民性思想的阐释和挖掘还不够深；其次，对于思想政治教育话语及话语发展的理论解读不全面；再次，思想政治教育话语体系建构系统化程度不够高；最后，对思想政治教育话语的历史变迁及发展经验的总结和发展教训的梳理不充分。系统梳理和总结建党百年来思想政治教育话语的演进历程，总结历史经验，汲取历史教训，并从中探寻思想政治教育话语的嬗变逻辑，是推进新时代思想政治话语发展创新的基础和前提，也是思想政治教育学科发展不可缺少的重要一环。目前对于话语发展史的研究仍然不够充分。总体而言，对于思想政治教育话语演进发展的研究还不够系统全面，较为松散，没有形成统一的研究范式，同时，还有许多问题需要进一步进行跨学科探讨，如思想政治教育话语创新转换的具体路径与可能、网络空间的思想政治教育话语权议题等。

---

① 参见潘晴雯《高校思想政治教育话语体系转换研究》，博士学位论文，东南大学，2012年。

三 研究思路和主要内容

（一）研究思路

在认识思想政治教育话语及话语发展的基础上，遵循"理论逻辑阐释—演进历程梳理—嬗变规律揭示—发展取向探索"的逻辑脉络和研究线索，在阐释马克思主义人民性思想理论渊源和概念演变的基础上，通过梳理不同历史时期人民性思想表达的话语演进历程，分析人民性思想在中国实践中所进行的深刻的思想政治教育话语建构过程，阐明这一过程所呈现的历史特色、中国特色和时代特色，揭示其中所蕴含的嬗变规律，探索话语发展取向，推进话语理论创新，实现"以人民为中心"价值取向的现实转化。

（二）主要内容

第一章对马克思主义人民性思想的理论渊源与内涵演变进行了理论解读，并在此基础上阐释人民性思想，为思想政治教育话语演进奠定理论基础和转化依据，推进新时代"以人民为中心"的价值取向的现实转化。首先，剖析人民与人民性的基本内涵。思想和话语分析以概念界定为前提。分析人民性话语的历史转换，先要明确人民性概念，并厘清人民性与民族性、大众性的关系，在历史认知中把握其科学内涵，并以马克思主义基本立场和方法自觉审视人民性思想的历史演进、人民性思想的理论渊源。马克思、列宁关于人民性思想有着丰富的论述和深入的阐释。其次，揭示马克思主义人民性思想的嬗变过程与规律。在马克思主义发展史中，人民性思想经历了从孕育到萌芽，再到形成并逐步成熟的一番嬗变，这一嬗变背后的逻辑是在寻找革命主体过程中随着对"现实的人的解放"的理解逐渐深入，进而逐步展开的，其嬗变过程可分为以下四个阶段。第一阶段，自由意志的人民性；第二阶段，理性复归的人民性；第三阶段，从抽象的人民性到具体的人民性；第四阶段，实现人的自由全面发展的人民性。列宁继承并发展了马克思主义人民性思想，从不同视角和维度对人民性概念进行了深入阐释，对马克思主义的发展和在中国的传播起到了积极引导作用。

第二章阐述人民性思想政治教育话语建构的百年演进。从百年历史进程上来看，中国共产党的思想政治教育话语呈现前进和上升的发展态势；但从具体的历史发展阶段来看，思想政治教育话语以螺旋式的曲折前进方式呈现出跌宕起伏的发展轨迹。思想政治教育话语是一个过程性、历史性的命题，它的现实样态是对社会生活中各种现象和问题的解释，它传达了一种社会信息，表达了一种价值方面的引领，展示了历史发展的脉络与逻辑联系。因此，在新时代，要想研究思想政治教育话语发展的时代特征，就要从思想政治教育话语发展的历史脉络中去把握其发展规律。新民主主义革命时期，中国共产党将马克思主义基本原理同中国实践相结合，开辟了新民主主义革命道路。为了激发引导全体人民的民族自觉，实现近代以来的民族梦想，我们党的思想政治教育话语侧重政治动员，通过贴近群众的理论思想和政治诉求，赢得了人民的支持。中华人民共和国成立后，随着社会主义改造的完成，社会主义制度得以基本确立。确立基本制度之后，我们党立足国情，探索具有中国特色的社会主义建设道路。因此，这一时期的思想政治教育话语呈现出建设性导向，以期凝聚全体民众的热情和力量，加快实现国家的工业化奋斗目标。改革开放和社会主义现代化建设新时期，在总结之前的革命和建设经验教训的基础上，逐步走出中国特色的社会主义道路，思想政治教育话语要为经济建设、改革开放和社会主义现代化建设服务，更加强调对人民利益诉求的回应，因此更加全面化和多样化，对构建新的价值观、传播新思想起到了重要的引导作用。进入中国特色社会主义新时代以后，党中央秉持稳中求进的工作总基调，立足于党的十八大以来的实际情况，将奋斗目标规划到了21世纪中叶，始终从实际出发，为开展思想政治教育、进行话语传播创造了健康的语境，把推进思想政治工作开展作为主题，把改革创新作为动力，把满足人民对美好生活的需要作为根本途径，结合当前国内外出现的新情况、新变化、新趋势，对思想政治教育提出新的要求，也指出话语改革的新方向。

第三章概括了思想政治教育话语在不同历史阶段的演进特征。新民主主义革命时期思想政治教育话语的特征：以宣传和鼓动为核心，将话语的文本形式和口头形式结合起来共同发展是宣传和话语发挥作用的重要原则；呈现生活化、具体化特征；党性和人民性高度统一，从而加强了中国共产党思想政治教育话语的真实性和可信度。社会主义革命和建设时期思想政治教育话语特征：一是呈现出过渡性特征。思想政治教育话语逐渐从非官方语言转变为官方话语；思想政治教育话语由分散性转变为整体性；思想政治教育话语的内容由革命教育转变为社会主义教育和爱国主义教育；思想政治教育话语的范围经历了由部分向全体的转变。二是基于建设性导向。三是理论与实践相结合。改革开放和社会主义现代化建设新时期思想政治教育话语特征：积极主动汲取改革新时期话语资源；内涵性拓展；呈现建构性；向科学性和价值性话语迈进；呈现出实然性、时代性和灵活性。中国特色社会主义新时代思想政治教育话语的特征：治国理政中，结合特有的历史和国情，不断提出新思想和新观点，不断丰富思想政治教育的学理研究并体现治理导向；话语自信；人民情怀；随着社会发展和进步，思想政治教育话语也开始高质量发展，并形成了具有宏观顶层设计的体系。

第四章揭示了人民性思想政治教育话语演进的嬗变规律。首先，从自在到自觉的主体转型。无产阶级从其诞生之初，就是一个自在的阶级，它需要完成思想觉悟的转变，并以社会实践演变和时代发展的要求为依据，对自身的阶级地位和阶级使命进行持续的调整，这样才能对自身的阶级地位和阶级使命有客观的认识，从而体现出阶级先进性，最终达到无产阶级的奋斗目标。其次，与民众利益要求相结合的客体需要。人民性思想政治教育话语的转变是适应主要矛盾变化需要的一种体现。在从站起来到富起来再到强起来的历史进程中，我国社会主要矛盾发生了深刻的变化。人民群众客观需要的历史性变化要求人民性思想话语的表达注重与民众利益要求相结合，从改革、发展、稳定的契合中满足人民群众不断升级的需要。最后，在国内外环境变化中推进话语创新。思想政治教育话语作为一种意识形态话语，具有特定的生成逻辑和价值意蕴。思想政治教育话语在适应社会语境的同时，也应在继承和借鉴历史经验的基础上，以当下为立足点，展望和开启未来，连接过去、现在和未来，从而加强思想政治教育话语的历史深度、现实活力和未来前景。中国共产党在响应时代号召的思想政治教育话语实践中，应不断优化思想政治教育话语的社会语境，以适应时代的发展和变化。

第五章探索了人民性思想政治教育话语演进的发展取向。首先，推进思想理念大众化。明晰思想政治教育话语发展方向，以思想政治教育话语建设提升政治意识、引领人民思想、筑牢发展理念；激发思想政治教育话语力量源泉，发挥思想政治教育话语的思想引领力、价值凝聚力、文化感染力；构建新时代全息媒体传播体系，坚持党性与人民性相融合的传播理念，推进传播模式由一元向多元转变，构筑全息媒体传播阵地，拓宽思想政治教育话语的视野，提升思想政治教育的话语权，并以此为基础不断推动媒体创新融合发展。其次，实现价值内化与转化。一是凝聚改革共识。筑牢改革发展共识的群众基础，汇聚推动改革发展的群众力量，契合改革发展的群众诉求。二是增强治理合力。调动主体，提升全民参与意识；融合优势，增强改革发展合力。三是更新发展动能。以共治确保人民权利；以共建凝聚发展合力；以共享维护人民利益。最后，铸牢中华民族共同体意识。增强各族人民对党的领导的认同，增强各族人民对伟大祖国的认同，增强各族人民对中华民族的认同，增强各族人民对中华文化的认同，增强各族人民对中国特色社会主义道路的认同。

（三）研究方法

在研究方法的选择上，本书在坚持马克思主义基本理论的基础上，立足于将理论与现实融通，历史与逻辑统一，宏观与微观结合，以多学科交叉融合推进开展综合系统研究。

1. 历史方法和逻辑方法的统一

思想政治教育话语的研究离不开社会发展过程的研究，只有将话语研究置于社会发展的过程中，才能揭示思想政治教育话语发展的现代特征。以马克思主义人民性思想的相关概念和理论渊源作为考察逻辑起点，将思想政治教育话语置于历史发展的框架下，总结人民性向度的思想政治教育话语演进历史经验，探索思想政治教育话语发展规律，实现人民性思想政治教育话语与时代语境的契合。

2. 理论研究与实践应用的融合

在研究中努力将宏观考察、形而上的理性思辨与微观透析、形而下的对策研究相结合。在分析马克思主义人民性思想，总结梳理思想政治教育话语发展的演进历程和嬗变规律的基础上，探索人民性向度的思想政治教育话语演进的发展取向，实现理论研究和对策分析的相互贯通。

3. 比较研究与多学科综合研究的结合

关注国内外思想政治教育话语研究动态，从不同学科领域多角度收集资料，涉及并运用了马克思主义理论、哲学、语言学、传播学、政治学等学科的理论知识和研究方法。通过对不同历史时期人民性思想政治教育话语内容和话语逻辑结构的比较，归纳出话语发展规律和发展经验，为优化思想政治教育话语体系指明方向。

第一章 马克思主义人民性思想的理论解读

问题是时代的声音,理论是时代的产物,马克思主义人民性思想有着深刻的理论渊源,并在发展创新过程中有着丰富的表达方式。

第一节 马克思主义人民性思想解析

一 人民与人民性的基本内涵

思想和话语分析以概念界定为前提。分析人民性话语的历史转变,首先要明确人民性概念,并厘清人民性与民族性、大众性的关系,在历史认知中把握其科学内涵,并以马克思主义基本立场和方法自觉审视人民性思想的历史演进。

对"人民"这一词语境况的贴切描述,来自阿甘本,他说:"在现代欧洲语言中,这一术语(引者注:即指"人民")总是同时意指穷人(the poor)、位于低层的人(the underprivileged),以及被排除者(the excluded)。这同一个术语命名的,既是建设性的政治主体,又是——事实上而非法理上——被排除在政治之外的那个阶级。……换言之，我们称之为人民的，与其说是统一的主体，不如说是在两个对立极点之间辩证的摆动：一方面，大写的人民作为整体并作为一个统合的政治体而存在，另一方面，小写的人民则只是一个子集，是为贫苦、被排除之身体所有的支离破碎的（fragmentary）多样性；一边是包罗一切的概念，自命在自身之外再无剩余，另一边则是一个排外的概念，不带给人任何希望；一极是总体的主权国家，以及整合的公民整体，另一极则是对不幸者、被压迫者、被征服者的驱逐——无论是奇迹之殿（court of miracles）还是收容所。"[1] 在其看来，"人民"这一词汇，将两极间的弹性与张力统一于自身，从而使我们在理论上陷入两难境地。

对"人民"这一语词之含义的回应，以及对阿甘本的"人民之问"的回应，我们无意采用纯粹的思辨的方式，而是试图回到思想史的视域中，去探求"人民"这一概念的展开历程。换言之，对此前业已提及的思想任务，我们将以历史与逻辑相统一的方法去加以适度考察。

在现代政治话语中，与"人民"常相对举的语词，即"精英"。我们姑且不对这样的对举做前提批判，而是直接考察其在历史运动中的自我表达。

《共产党宣言》早就指出："至今一切社会的历史都是阶级斗争的历史。"[2] 早在罗马共和国后期，由于社会贫富分化加剧，代表贵族的元老院与代表罗马平民的公民大会便爆发了尖锐的冲突与斗争。"平民派"认为，贵族们为富不仁，不断放大自身对利益的索求，无法保障

---

[1] 王立秋译：《阿甘本：什么是人民？》，马克思主义研究网，http://myy.cssn.cn/rwgs/201803/t20180328_3890188.shtml。

[2] 《共产党宣言》，人民出版社2014年版，第27页。

社会财富的公平有效分配，而共和国的各项决议理应遵从平民的普遍意愿而非贵族的偏好，是故，为了真正让人民的呼声得以发出，必须把权力直接交给人民，即推行"直接民主"。而"贵族派"则深知，将权力直接交给民众是极其危险的。因为民众易受自身情绪的影响被煽动和利用，从而丧失独立思考的能力，同时也缺乏做出正确政治决策的智识，进而无法做出使长期利益最大化的选择。

在这里，我们已经看到日后贯穿于现代政治斗争的一个基本模型：人民与精英的对立。也正是在这里，"人民"的双重语境，这一针对"人民"词语的基本规定，已然生成。我们开篇提及的，人民既是作为主权国家下被统合的公民整体，又是作为不幸者、被压迫者、被征服者而被较大规模地排除在政治生活之外的群体。作为政治契约的构成主体，人民是现代主权国家的终极合法性来源，但由于现实的阶级斗争与利益冲突，其利益诉求与现实的能动性总是无法得到有效而充分的阐扬。

综合上述讨论，我们能初步得到一些结论。

第一，"人民"根源于感性的、现实的阶级斗争。

第二，"人民"的双重规定：名义上的整体性与实际上的被排他性，表明在相当长的一段时间里，即在人民未曾当家做主的历史中，"人民"这一概念具有欺骗性、虚幻性，亦即其具有非现实性。故而，接下来，需要解答的问题，就变成了"人民"是怎样从虚幻变为真实的。

要回答"人民"如何从虚幻变为真实，在根本上，就是要回答这样一个问题，即"人民是如何走向当家做主的"。换言之，即人民如何从被统治阶级变成统治阶级。

"人民当家做主"，即是民主制度的本意。上溯其源，自然而然地，我们将回到亚里士多德,这位奠定了近现代政治学之基础的古希腊大师。其曾将德性视为评价政体的核心①,并对民主制度多有批评,"对于在德性和实践智慧方面较高的人被较低的人所统治的可能性,亚里士多德始终耿耿于怀,因为这不符合他关于政治正义的分配原则,这是亚里士多德对民主制的批判态度的根本原因"②。在这一政治哲学理念的背后,我们可以清晰地看到与其所相适配的伦理学原则,即美德伦理学。

在展开关于何为美德伦理学的讨论前,我们有必要对前提加以澄明,即为何关于政治哲学的讨论需要伦理学的视域。答复是简明的:因为政治学是指研究人们在一定经济基础上,围绕着特定利益,借助于社会公共权力来规定和实现特定权利的社会关系及其发展规律的科学③,而要为"公共权力之规定和实现特定权利的社会关系"的正当性提供进一步支持的学科,正是伦理学,即"对人类道德生活进行系统思考和研究的一门科学",而之所以伦理学能对政治学的讨论提供隐藏的正当性支持,关键在于对"道德生活"的系统化、理论化的研究,也即对什么是"好"(good)的研究,从而必然地,在我们讨论政治学的过程中,需要引入伦理学的视域(无论研究者是否自觉)。

回到关于美德伦理学的讨论中来。何为美德伦理学?有学者将其总结为以下四点:"1. 幸福是最高目的,就是善本身,因此,一切行为乃至整个生活都应围绕着幸福来确立和获得自己的正当性;这意味着,幸福即正当。所以,伦理学的使命在于探讨如何使人幸福。2. 就

---

① 参见 [古希腊] 亚里士多德《政治学》,颜一、秦典华译,中国人民大学出版社2003年版,第168页。
② 董波:《亚里士多德论民主》,《世界哲学》2019年第6期。
③ 参见王浦劬等《政治学基础》(第四版),北京大学出版社2018年版,第10页。

幸福就是合乎德性（美德）的生活而言，德性或美德是幸福的必要条件；而就最高的幸福是合乎理智德性的活动而言，幸福的生活也就是"纯粹理性"的思辨（理论）生活，因为它是最独立自足而最能持久的活动。3. 幸福总是与快乐联系在一起，没有快乐这种感受性情感伴随的生活，就不可能是幸福的生活。但与亚里士多德所说的幸福相伴随的快乐不是感性感受的快乐，而是非感性的快乐。4. 就幸福生活是基于人身上的理性这一神性之德性而言，思辨（理论）的生活是属神的生活，每个人进入这种生活，才真正成为自己，才拥有自己的生活。"[1]

简言之，参照上文，美德伦理学的核心观点就是："幸福即正当，而幸福是合乎德性的正当生活，而是否合乎德性，源于纯粹理性的思辨。"换言之，如果我们说某一行为合乎德性，就是"善"的或者"好"的，那么基于美德伦理学的视域，我们可以得到结论："善"源于客观的理论知识，其由思辨给出，并为至德者所掌握。因而，道德行为是否是"好"的，根源于其是否符合关于"善"的客观知识。

但是，在这里，美德伦理学实际已经暴露了自己的困境：那些关于"善"的客观知识何以是"善"的？就是说，使那些知识成为"善"的标准究竟是什么？难道是客观的理论知识本身吗？更进一步，最高善，这一纯粹理性的存在，真的是通过理性思辨而静观到，从而指导我们的道德生活的吗？答案显然是否定的。对道德行为的评价，首先的起点，正是道德行为本身，即"实践理性"先于/高于"理论理性"。也就是说，美德伦理学将"善"奠基于"普遍的、客观的知

---

[1] 黄裕生：《理性的"理论活动"高于"实践活动"——论亚里士多德伦理学的"幸福观"》，《云南大学学报》（社会科学版）2017年第5期。

识"的尝试是失败的。故而，美德伦理学未能为"何为美德"确立真正普遍的根据，也未能为"如何成就美德"确立普遍的规范性准绳。

将这一伦理观念投射到政治生活中，则不难理解为何古希腊诸大贤对民主政治抱持相对消极的看法。答案隐藏在"美德伦理学"自身之中。既然作为客观知识的"善"并不能为众人所普遍地、真正地把握，那么治理社会的最佳模式就应当是某种"贤能政治"或"混合政体"。

于是，现在的问题就转变成了如何为"善"奠定真实而普遍的基础，并进一步地，为民主政治，即人民当家做主的政治模式（political system），提供"正当性论证"。

前文的讨论事实上已然说明希腊美德伦理学的基本原理："其一，存在着一个圆满的在先事物，因其圆满，所以它必是完成了的事物；其二，唯有知识才能通达、呈现这个圆满的在先物，所以知识不仅能带给我们真理，同时也能把我们带向完善；其三，真正的知识是一种概念的把握，所以真理－真在总是超感性的。我们可以把这种存在论称为一种'知识存在论'。古希腊伦理学实际上就建立在这种'知识存在论'基础之上：通过获得关于善这一圆满本体的知识，来为一切伦理美德确立尺度。"① 但关于"善"何以为"善"的标准，确是先验的，即未被反思/省察的。故而就是说，问题转变成"什么使'善'在伦理上被判定为'善的'"。通俗点说：凭什么它是"善的"（good）？

这一问题，在西方，到了奥古斯丁才初步有了答复。结论是人人

---

① 黄裕生：《论自由与伦理价值》，《清华大学学报》（哲学社会科学版）2016年第3期。

第一章 马克思主义人民性思想的理论解读

皆有"自由意志",故而能对道德行为做出"是否合乎德性"的评判。① 即是说,"善"是人立法的结果——我们不难联想起康德的名言:"人为自然界立法。"如果借用康德的说法,我们或许可以大胆地说,奥古斯丁先于康德在伦理学领域发动了一场"哥白尼革命",即把"善"的标准从客观存在变成了主体确立的结果;而康德则在《实践理性批判》中完成了它,并体现为以下原则:

第一,自由意志不仅是一切道德法则的前提,而且是一切道德法则的来源。在自由意志之外不存在任何其他判定道德是否成为道德的来源。

第二,所以,自由意志就是能自我立法的自律意志,即能自我给出道德法则而服从道德法则的意志,而这种能自我立法的自律意志才是真正的自由意志。这意味着,自由意志内生地包括自我约束的能力。换言之,拒绝自我约束的意志,是非自律的意志,即他律意志,从而是非自由的意志,而绝不能成为自由意志。

第三,因此,自由意志意味着自我决断的能力。人由之而能进取,却亦能自我约束,从而能彰显最高主动性。

作为普遍存在者的自由意志,即人人本有之存在者,它的发现,终于意味着,民主政治,即人民当家做主的政治,初步找到了自己在伦理学上的正当性基础。

由于人人皆有自由意志,而自由意志是"善"的终极来源,也是唯一来源,那么就是说,倘若我们将一个人视为一个"人",那么,无论肤色、种族、男女,只要其愿意正确运用自己的自由意志,其就有

---

① 参见[古罗马]奥古斯丁《论自由意志:奥古斯丁对话录二篇》,成官泯译,上海人民出版社2010年版,第269页。

· 33 ·

权参与"善"的建构——民主政治由之而生。

综合上文,我们遂又可得到一条结论:人民是拥有"自由意志"的行动主体。但康德式的先验个体,却不免招致"形而上"的批评,亦即对这一人学设定之非历史性的批评。也就是说,"自由意志"不仅是超验的,也应是历史的;不仅是个人的,也应是社会的,而这正是马克思的贡献。

二 马克思主义人民性思想的嬗变过程与规律

在马克思主义发展史中,人民性思想经历了从孕育到萌芽,再到形成并逐步成熟的一番嬗变,这一嬗变的逻辑是在寻找革命主体过程中随着对"现实的人的解放"的理解逐渐深入而逐步展开的。

马克思主义哲学是人类哲学迄今为止仍无法逾越的高峰,这点当无异议。但我们亦知道,作为马克思主义哲学的来源之一的德国古典哲学,在柏拉图主义主导的西方形而上学范式的历史上,具有极高的思维水平与理论成就,因而是旧时代哲学的出色结晶。虽已为马克思主义哲学所"扬弃"与"超越",但为了更好地澄明马克思主义哲学的不朽贡献,本书仍打算在此简要说明,德国古典哲学何以达至这样的理论高度。

历史常识告诉我们,西方文明导流于"两希文明",即古希腊文明与古希伯来文明。前者在哲学上的成就早已家喻户晓,而后者的哲学成就则是以基督教神学的形式,经由"犹太思想希腊化"的中介,与古希腊哲学相互启发、相互交织,乃至融为一体。这样的交融是如何发生的?受主题所限,我们只能略论一二:自巴门尼德给出"存在"伊始,作为先在物的最高实体的完满的"善"得以确立,其与赫拉克利特的朴素辩证法,经由柏拉图之手,转换为"两个世界",即二分化的理念世界与感性世界。这一两分的张力结构，在遭遇基督教后，转化为奥古斯丁的"上帝之城—世俗之城"，并与基督教的原罪说、末日审判说等历史哲学问题相综合，最终汇入德国古典哲学体系。

德国古典哲学的问题意识是什么呢？不难想起康德的经典发问："我能知道什么？我应当做什么？我可以希望什么？"分别对应知识论、道德哲学、艺术哲学与历史哲学，即真、善、美的统一。

但如果我们对其继续进行前提批判，不难得出一个结论，上述问题的关键是"人是什么"，即关于人的存在论规定的探讨是上述诸般问题得以展开的公共问题域。从而也就是说，对"人是如何存在的"这一问题的回答，是德国古典哲学一以贯之的"道统"，而如果我们更进一步，则这一问题可被转写为"如何论证自由是人的存在论规定"。

综上所述，对自由问题的论证，是知识论、伦理学、艺术哲学、历史哲学得以展开的前提与根基。在此意义上，或许可以大胆地说，如果离开了对自由之为人的存在论规定的辩护与论证，我们将完全无法切中德国古典哲学的肯綮，因而将痛失对德国古典哲学之基本品格的把握与领会。

当然，对自由问题的辩护与论证，并非德国古典哲学的"专利"。在此之前，英法的政治哲学家，诸如洛克、卢梭（尽管他们的"契约论"各有分殊），就已做出了尝试，并在政治实践中结出了自己的果实。但德国古典哲学区别于英法政治哲学对自由的辩护，就在于其真正承继了基督教对历史运动的深刻追问，从而将历史——具有普遍性的历史，即具有普遍必然性的逻辑，它生成着的（unfinished）运动，而不是埃德蒙·柏克意义上的地方性的历史——纳入哲学即形而上学领域，亦即德国古典哲学开启并极大地推动了将形而上学问题历史化的进程，在方法上则呈现为"历史与逻辑的统一"。而历史唯物主义——将一切形而上学问题以"实践"这一感性的历史的对象性活动作为中介，统一唯物论与辩证法，从而喷薄而出的新哲学，即将一切形而上学问题都统一于人类社会实践的新唯物主义哲学——正是这一思想理路上的合乎逻辑的结果。

在《关于费尔巴哈的提纲》这份"包含着新世界观天才萌芽的第一个文件"中，马克思科学地指出："从前的一切唯物主义（包括费尔巴哈的唯物主义）的主要缺点是：对对象、现实、感性，只是从客体的或者直观的形式去理解，而不是把它们当作感性的人的活动，当做实践去理解，不是从主体方面去理解。"①

这就是说，物质的确是先在的——而不是主观唯心主义——但对它的客观性的把握却取决于当下实践所达到的历史水平，因而自人类历史以来的物质运动都不是抽象的，而是感性的、历史的、现实的，并在根本上为实践所决定和统一。

由此，我们得以理解历史唯物主义的著名论断："劳动创造了人本身。"② 什么是劳动？人使用工具有目的地改造外部世界的活动，即是劳动。在这里，我们可以清晰地看到一个感性的"现实的个人"的存在者。即是说，通过"劳动"这一感性的"对象性活动"，原本先验的形而上个体得以与感性的（因而是原初的）自然界发生联系，从而将"自在之物"转化为"为我之物"，而人的先验的形而上特征亦因之而得以消解，转化为感性的、社会的、历史的个人。

我们已经说明，现实的个人区别于现存的个人，关键在于其实践品格与社会化品格。在不同历史阶段，现实的个人的代表亦有所不同，

---

① 《马克思恩格斯文集》第1卷，人民出版社2009年版，第499页。
② 《马克思恩格斯选集》第3卷，人民出版社2012年版，第988页。

即每一个社会历史阶段的进步阶级。

不过，在人类社会普遍进入资本主义社会后，"我们的时代，资产阶级时代，却有一个特点：它使阶级对立简单化了。整个社会日益分裂为两大敌对的阵营，分裂为两大相互直接对立的阶级：资产阶级和无产阶级"①。这就是说，"现实的个人"的域宽此时已经变得十分明晰，即无产者——"（答案）就在于形成一个被戴上彻底的锁链的阶级，一个并非市民社会阶级的市民社会阶级，形成一个表明一切等级解体的等级，形成一个由于自己遭受普遍苦难而具有普遍性质的领域，这个领域不要求享有任何特殊的权利，因为威胁着这个领域的不是特殊的不公正，而是一般的不公正……总之，形成这样一个领域，它表明人的完全丧失，并因而只有通过人的完全回复才能回复自己本身。社会解体的这个结果，就是无产阶级这个特殊等级。"②

这样，不失一般性，我们可以清晰地发现，"现实的个人"是同资本主义社会的"抽象的个人"根本对立的范畴。没有历史的、先验的自由存在者，实际是把以自私自利为中心的人视为"人"之"基底"，作为分析一切问题的出发点，故而其背后隐藏的悖论是"自由的人"无法"自由地"变革"现存的社会"。也就是说，"现存的社会"因号称自己已是"自由的"而拒绝对它的再检视。也就是说，其实际是鼓吹"现存社会的永恒化"，因而"自由社会"的"非自由性"就被充分地暴露出来了。换言之，"现存的个人""抽象的个人"，究其本质，实际是资本主义社会下的"异化人"。其拒绝变革的属性，即鼓吹资本主义永恒化的意识形态属性，在历经反思后暴露无遗。

---

① 《共产党宣言》，人民出版社2014年版，第28页。
② 《马克思恩格斯选集》第1卷，人民出版社2012年版，第15页。

综上，我们又可得到以下结论。

第一，"人民"是自由的行动主体，在不同的历史阶段，表现为能动的进步阶级。

第二，在资本主义社会，"人民"就是日益同资产者相对立的无产阶级。

第三，以无产者为代表的"人民"将现实地完成使全部人自由，即解放全人类的历史使命。

因而，现在的问题就转变成了无产阶级如何夺取政权，即如何建立无产阶级专政。

列宁继承并发展了马克思主义人民性思想，从不同视角和维度对人民性的概念进行了深入阐释，对马克思主义的发展和在中国的传播起到了积极引导作用。

众所周知，十月革命是马克思主义由理论转向成功实践的关键部分。因而坚持马克思主义的实践指向，从源头上看，关键就是要坚持列宁主义。

1904年日俄战争，老旧的沙皇俄国败北；翌年的政治革命虽惨遭镇压，但告别封建主义，实现近代化转型，这个问题被提上了议程。然而，沙皇依旧执迷不悟，更是一错再错，在民粹主义的迷魂汤中上了第一次世界大战的贼船，并以失败告终。

受辩证唯物主义和历史唯物主义的科学启发，列宁实际采取了"两个拳头打人"的策略：一方面，其断言资本主义的发展在俄罗斯是不可避免的，并以此批评民粹派试图"阻止"资本主义的想法完全错误；但真正天才的却是另一方面——既然资产阶级性质的革命是不可避免的，那么，作为人民力量的无产阶级不仅要欢迎资产阶级的革命，而且还要最大限度地参与革命，以期将"资产阶级的改革"的领导权转

第一章 马克思主义人民性思想的理论解读

交到"无产阶级",即帝国主义时代的人民的手上,"只有人民,即无产阶级和农民,才是能够取得'对沙皇制度的彻底胜利'的力量"①。

正因为列宁要现实地把马克思主义的理论转变为感性的阶级斗争的激烈形式,即将理论转化为尖锐的革命斗争,因而列宁——也是列宁主义的奥妙——就必然要回应如何发动、组织群众以进行你死我活的革命斗争,即其必然要回应关于推动革命的组织形式的问题,亦即关于如何建立共产党的问题。正是在这一点上,列宁主义展现了自己无与伦比的魅力。

1903 年,在俄国社会民主工人党第二次代表大会后,党内发生分裂:孟什维克人与布尔什维克人尖锐对立。为此,列宁撰写了《进一步,退两步》,旗帜鲜明地阐述了自己的科学的建党主张,囿于篇幅,不予引用原文,而是概括如下。

第一,党是由无产阶级优秀分子组成的先进部队,而不是随便什么人都可以任意进进出出的松散小团体。

第二,党的核心应该是由一小部分精干的人组成的"职业革命家组织"。

第三,全党自上而下,必须严格贯彻民主集中制的原则。

这就是说,与自由主义的资产阶级政党迥然有别,列宁主义政党的组织原则首先是也必须是民主集中制。以革命领袖为核心的党中央的坚强领导,以及由之而生的强大组织纪律性与动员能力,是无产阶级先锋队的独特底色。

在这里,我们将试图回应自由主义者的一个常见批评。这种批评通常认为,过多地标举"人民"的旗帜,实际是民粹主义的作为,并

---

① 《列宁选集》第 1 卷,人民出版社 2012 年版,第 562 页。

天然地具有向"多数人的暴政"演化的倾向。

民选政治是否天然具有这样的倾向？至少从欧美等资本主义国家的实践来看，的确如此。但我们在这里将初步对"人民"(the people)与"群众"(the masses)进行区分，从而直接回应前文（包括开头与本段段首）的疑问。人民与群众之分，在于是否得以"组织起来"。结合前文，我们可以说，现时代的人民，必须是也必然是由共产党组织起来的"广大爱国爱党群众"。就是说，作为先锋队的共产党，其之所以天然地具有人民性品质，关键在于，只有共产党（因其阶级属性）才能完成对群众的有效组织，从而将群众转化为人民。

中国共产党是中国工人阶级的先锋队，是中华民族的先锋队。"两个先锋队"的性质，自中国共产党建党之始，就未曾更易。但我们需简要说明的是，中国共产党是如何把"群众"转化为"人民"的。

答曰：群众路线。正是通过群众路线，即"从群众中来，到群众中去"的工作路线，中国共产党相当成功地实现了"群众的组织化建构"，并在这一过程中实现了"在新民"与"在亲民"的统一——前者是"改造群众"，后者是"依靠人民主体力量"——从而完成由群众向人民的转化。

这就是说，人民不是抽象的、无法界定的，而是首先体现为"拥护中国共产党的领导"的中国群众，并进而表现为"紧密团结在中共中央周围，为中华民族伟大复兴而共同奋斗"的中国群众。

民粹主义存不存在？现实中的确存在这样的问题。资产阶级的民选政治制度更是放大了这一问题。如果理解了我们对"人民"与"群众"的区分，那么至少可以初步为欧美日趋泛滥的民粹主义现象提供一个未经实证检验的猜想：民粹主义的兴起，在一定程度上是因为欧美现代政党政治无力完成对全体民众的有效动员、整合，从而使之流于"意见"之争，而非在实践中检验和发展"真理"。因而，一条潜在的出路就在于，建立共产党的领导，树立人民民主专政。

第二节　思想政治教育话语发展的价值理念

一　思想政治教育话语发展的人本逻辑

在中国共产党的政治语汇里，"人民"无疑具有重要地位。

打开《毛泽东选集》，开篇即见《中国社会各阶级的分析》。在此文中，毛泽东首次对"群众"进行阶级分析，而到了1929年10月，毛泽东在《关于纠正党内的错误思想》一文中明确提出，共产党及其领导的红军应"宣传群众、组织群众、武装群众，并帮助群众建设革命政权"——这正是对于前面论述中提到的关于"人民是共产党组织起来的群众"的文献证据。

随着革命形势的发展，毛泽东对"人民"的内涵和外延的认知，亦逐步清晰化。日本发动全面侵华战争，根据当时的战争形势，中国共产党从大局出发，发出建立抗日民族统一战线的号召，开始全民族抗战。为了动员全国各阶层人民加入抗日民族统一战线，1935年12月27日，毛泽东在《论反对日本帝国主义的策略》一文中指出："人民共和国是代表反帝国主义反封建势力的各阶层人民的利益的。人民共和国的政府以工农为主体，同时容纳其他反帝国主义反封建势力的阶级。"这就是说，"人民"被定义为反帝反封建的广泛力量的集合。

呼之欲出的，是"为人民服务"这一广为传颂的命题。1939年，伟大的国际共产主义战士白求恩同志，因做手术时感染而亡。在《纪念白求恩》一文中，毛泽东高度赞扬他"毫不利己、专门利人的精神"，高度赞扬他对人民满腔热忱，为救人民不惜牺牲自己的崇高精神。当然，解决了价值上的是非问题后，如何实现为人民服务，怎样做的方法问题是同样重要的。所以，毛泽东在《关于领导方法的若干问题》一文中说："在我党的一切实际工作中，凡属正确的领导，必须是从群众中来，到群众中去。"这充分表明，党的领导干部只有和群众结合，深入群众中才能得出正确结论，才能建立正确关系。"从群众中集中起来又到群众中坚持下去，以形成正确的领导意见，这是基本的领导方法。""斗争愈是艰苦，就愈是需要共产党人的领导和广大群众的要求密切地相结合。"

1944年9月5日，八路军战士张思德在陕北山中烧炭，为救战友壮烈牺牲。为了纪念张思德，毛泽东于1944年9月8日作了《为人民服务》的专题演讲。在这篇著名的演讲中，毛泽东指出："人固有一死，或重于泰山，或轻于鸿毛。为人民利益而死，就比泰山还重；替法西斯卖力，替剥削人民和压迫人民的人去死，就比鸿毛还轻。张思德同志是为人民利益而死的，他的死是比泰山还要重的。""因为我们是为人民服务的，所以，我们如果有缺点，就不怕别人批评指出。"

在《陕甘宁边区参议会上的演说》中，毛泽东又进一步指出："共产党是为民族、为人民谋利益的政党，它本身决无私利可图。它应该受人民的监督，而决不应该违背人民的意旨。它的党员应该站在民众之中，而决不应该站在民众之上。"换言之，在这里，毛泽东明确地以是否为人民服务作为共产党人实现人生价值的最大化的重要标准。自此，"为人民服务"就成为中国共产党的显著标志，闻名中外。

"中国特色社会主义为什么好？归根到底是马克思主义行，是中国化时代化的马克思主义行。"这个中国化时代化的马克思主义，即习近平新时代中国特色社会主义思想。所以，我们必须结合习近平总书记的若干重大论述，深刻领会，学思贯通，跟进认识，感受马克思主义人民性思想之中国化、时代化的最新成果。

在习近平新时代中国特色社会主义思想中，"为人民服务"被进一步阐发为"以人民为中心"的发展思想。可以说，人民性既是习近平新时代中国特色社会主义思想的价值旨归，也是其鲜明底色。

根据历史唯物主义，人民群众既是历史的"剧中人"，也是历史的"剧作者"。是否坚持以人民为主体，是马克思主义政党区别于其他政党的显著标志。"以人民为中心"作为为人民服务的继承和发展，更加突出了人民的主体地位——"为中心"三个字清晰地表明了这一点。换言之，只要我们承认，"以人民为中心"的发展思想是贯穿党的一切工作的指导思想，那么就意味着各项工作都要围绕和服从人民这个"中心"，须臾不可偏离。

学习习近平总书记的著作和讲话，可以看到，"以人民为中心"不是一个简单的口号或命题，而是具有丰富的内涵，对新时代我们如何践行党的宗旨提出了全面的要求。

（一）从目标主体看，奋斗目标奔人民而去

"人民对美好生活的向往，就是我们的奋斗目标。"这就是说，人民向往什么，共产党人就要为之奋斗什么。中国人民需要什么呢？我们必须推进"五位一体"总体布局，我们必须推进"四个全面"战略布局，我们必须全面、准确地贯彻落实新发展理念，加快构建新发展格局，扎实推进共同富裕，切实提高人民生活水平。反之，人民反对和痛恨什么，我们就坚决纠正和防范什么。尤其对于一些党员干部发生的贪污腐败、脱离群众、形式主义、官僚主义等问题，必须下大力气解决。

（二）从权力主体看，手中权力为人民所用

必须始终牢记，国家的一切权力属于人民，国家机关和公职人员手中的权力是党和人民赋予的，必须接受党和人民的监督，要严守权力边界，依规依矩用权，廉洁奉公用权。同时，要用人民赋予的权力来为人民服务，以此为工具为人民创造幸福生活，即坚持权为民所用。在此过程中，必须明晰公权为民，一丝一毫都不能私用，必须做到公私分明、克己奉公、严格自律。

（三）从利益主体看，根本利益为人民所谋

习近平总书记指出："每个共产党员都要弄明白，党除了人民利益之外没有自己的特殊利益，党的一切工作都是为了实现好、维护好、发展好最广大人民根本利益。"[①] 因此，坚持以人民为中心的发展思想，就要把增进人民福祉、促进人的全面发展作为发展的出发点和落脚点。"坚持把人民群众的小事当作自己的大事，从人民群众关心的事情做起，从让人民群众满意的事情做起，带领人民不断创造美好生活！""要抓住人民最关心最直接最现实的利益问题，既尽力而为，又量力而行，一件事情接着一件事情办，一年接着一年干"，让改革发展成果更多更公平地惠及全体人民。"党的一切工作，必须以最广大人民根本利益为最高标准。检验我们一切工作的成效，最终都要看人民是否真正得到了实惠，人民生活是否真正得到了改善，人民权益是否真正得到了保障。"

（四）从评价主体看，工作好坏由人民评定

习近平总书记指出："全党同志无论职位高低，都要把人民拥护不拥护、赞成不赞成、高兴不高兴、答应不答应作为衡量一切工作得失的根本标准。"既然我们党一切工作的出发点和落脚点是为民谋利，为

[①] 习近平：《在"不忘初心、牢记使命"主题教育工作会议上的讲话》，《求是》2019年第13期。

民造福，那么，我们的工作评价标准就应当遵循"人民标准"，工作好坏由人民来评定。为此，我们的一切工作计划的制订，工作的有效开展，工作的最终决策和反馈都必须建立在深入群众、深入基层、广泛调研的基础上，要将工作重心下移，俯下身子真心向群众求教，要倾听群众真实心声，要体察群众实际困难，要了解群众急难愁盼，要关心群众喜乐疾苦，把人民褒奖作为最高荣誉，"多干让人民满意的好事实事，充分调动人民群众积极性、主动性、创造性，使我们党始终拥有不竭的力量源泉"，才能真正使我们的工作经得起"人民标准"的检验。

（五）从价值主体看，心中位置数人民最高

习近平总书记说："一切国家机关工作人员，无论身居多高的职位，都必须牢记我们的共和国是中华人民共和国，始终要把人民放在心中最高的位置，始终全心全意为人民服务，始终为人民利益和幸福而努力工作。"党员领导干部要始终将人民放在最高位置，想人民之所想，解人民之所忧，当个人利益和人民需要发生冲突时，能够放弃个人私利，将人民需要放在第一位。习近平总书记在向国家综合性消防救援队伍授旗并致训词时说："永远竭诚为民，自觉把人民放在心中最高位置，在人民群众最需要的时候冲锋在前，为维护人民群众生命财产安全而英勇奋斗"。

二 人民性思想的思想政治教育融入探讨

"时代是理论之母"，按照辩证唯物主义，一切科学理论都是对时代问题的正确反映。人民性思想也不能例外。

人民性思想何以能够融入思想政治教育？这一思想又具有怎样的

思想政治教育价值？前一个问题，是前提问题；后一个问题，是价值论问题。

我们在前文已经说明，一切科学理论都是对时代问题的正确反映。因而也就是说，人民性思想之所以能够融入思想政治教育，是因为其切中了当代中国社会生活之矛盾；因而，作为现实的思想政治教育工作，灌注了人民性思想，从而具有了思想政治教育价值，并符合了现实的需要。

党的十八大以来，中国特色社会主义进入新时代。我国的主要矛盾已经转化为人民日益增长的美好生活需要和不平衡不充分的发展之间的矛盾。我国人民对美好生活的需要是广泛而全方位的，但不平衡不充分的发展也是广泛存在的。要缓解这个矛盾，除了紧紧依靠人民群众，发扬人民群众的革命首创精神，别无二路。马克思主义的人民性思想时时刻刻都是切中我国现实的，因而是科学而富有战斗力的。

首先，必须看到，尽管意识形态领域的斗争局势已经有了根本性好转，但是，现实生活中，仍有不少人出现价值观问题，对时代进步与个体生活不甚了了。面对这一"价值荒漠"问题，我们必须及时地推进人民性思想在思想政治教育工作中的贯彻，将广大群众的思想统一到以习近平同志为核心的党中央的集中统一部署中来，将广大群众的思想统一到以人民为中心的新时代中国特色社会主义建设中来。

必须注意到，在意识形态领域，一些人打着"人民"的旗号，将"人民性"与"阶级性"对立，并说后者是"狭隘"的而非属于"广大人民"的。对这一前提性的批判，必须坚持以历史唯物主义为指导，并正确指出，马克思主义的人民观与阶级性是统一的。人民并不等于全民，更不等于公民。这是一个现实的风险。

还有一些颇有迷惑性的错误观点认为，思想政治教育虽是"万国公有",却脱离现实的阶级关系,认为要"与国际接轨",鼓吹、推行连资产阶级的绅士们都能接受的"公民教育"。在我国,由中国共产党来领导思想政治工作,是不容置喙的政治纪律。因而,这一说法,看着很有道理,实则剑指我们党思想政治工作的合法性,对此不可不察。

进一步地,我们来讨论人民性思想融入思想政治教育的价值问题。按照历史唯物主义,价值是主观见之于客观的判断。因而当我们说出人民性思想具有思想政治教育价值的时候,从类别上看,它实现了个体价值和社会价值的统一。

(一) 个体价值

1. 思想引领价值

思想是行动的先导。改革开放以来,我国经济建设取得显著的成就。然而,开放之下,中国必然要融入全球市场,由之带来的全球化之风刮来的西方思潮不断扩大其话语权,前仆后继,你方唱罢我登场,对马克思主义的指导地位形成围剿之势。这些社会思潮不仅对群众的思想领域造成混乱和冲击,就连一些党员亦未能避免"中招"。马克思主义的人民性思想蕴含着丰富的辩证唯物主义和历史唯物主义思想。这一思想,坚持住了历史唯物主义的人民本位,提倡人民群众创造历史,人民群众是历史的主人,将尊重客观规律和发挥主观能动性统一于"实现中华民族伟大复兴的战略全局"和"世界百年未有之大变局"的披荆斩棘的实践之中,使人的主体性精神得到了充分的阐扬。人民主体性在实践中的澄明是使全党全国各族人民在新时代推进中国特色社会主义的磅礴伟力、不屈之源。

2. 政治导向价值

政治导向,关键解决的是"为什么人"的问题。马克思主义的人民性思想蕴含着为最广大人民群众的根本利益而奋斗不息的坚定立场。要坚定地把握马克思主义的人民立场，就要树立为中华民族伟大复兴而团结奋斗的价值理想，心怀为实现共产主义而奋斗的最高理想，使得广大的思想政治的受教育主体不断地提高"政治领悟力""政治判断力""政治执行力"，懂得讲新时代的"政治"。我们知道，坚定的政治立场是个人良好成长的必要前提。马克思主义的人民性思想，作为深入人心的价值大旗，也是定住我们党之政治前行方向的"政治大旗"，必须时刻坚持，并将之转化为团结全党全军全国人民的纽带。

3. 道德修身价值

修身，是中华优秀传统文化的重要组成部分。作为一种纯化自身道德修养的实践功夫，修身在中华文化当中，可谓源远流长，深入中国人的文化肌理。"十月革命一声炮响，为我们送来了马克思列宁主义。"但任何外来文化的对华输入，都要经由一番"转化"，亦即"中国化"，才能在中华大地上"掌握群众"，并转化为现实的力量。

马克思主义的人民性思想之中国化何以可能？答曰：与修身思想相结合，"知行合一"，"在事上磨"，从而做到将为人民服务的伟大实践与"以人民为中心"的价值旨归统一起来。就是说，人民性思想不仅"显现"于全心全意为人民服务的"践履"之中，更重要的是通过"人民性思想"的确立，将其转化为理想信念不断纯化的坚实资源。

坚持马克思主义中国化，就要使马克思主义同中国实际相结合，同中华优秀传统文化相结合。中国文化，一以贯之的精神，即是"天人合一"。就是说，通过切身的实践，使"人"与代表道德理想主义的

第一章 马克思主义人民性思想的理论解读

"天道"相与为一,即融小我于治国平天下的"大我"之中。为了"证道",故而古代儒家知识分子特别重视提高自身的道德修养,通过个人的努力,"克己复礼",实现道德自我主体性,即通达"仁"的道德境界。

在这里,我们明显看到,道德主体性的修身实践,被转化成为人民服务的"现实事功",而"天道"则被转化为人民群众"这个上帝"①,从而实现了自身价值与社会价值的完美统一,力求做到"大公无私",从而彰显中国化的共产主义精神。

(二)社会价值

1. 凝聚社会共识

习近平新时代中国特色社会主义思想具有广泛的大众性,这种意义上的大众性与人民性具有本质一致性。人民性思想的思想政治教育话语转换有助于习近平新时代中国特色社会主义思想的传播,发挥人民性思想的大众性价值,提高大众化程度。透过思想政治教育话语演进基本历程可见马克思主义中国化的接续推进,彰显出思想路线、政治路线和组织路线同践行以人民为中心理念的紧密结合,在提高思想政治教育理论彻底性的同时,及时将思想政治教育理论转化为团结人民的实践力量,实现人民参与同国家梦、民族梦的价值衔接,增强思想政治教育的话语解释力,增加价值关怀的现实性,真正将最广大人民凝聚为实现中华民族伟大复兴的主体力量。任何一个国家和民族的伟大复兴,都需要理想信念的支撑,这是一个民族前进的纤绳。如果没有共同的理想和信念,就等于没有精神支柱,就会失去凝聚力。当

---

① 《毛泽东选集》第 3 卷,人民出版社 1991 年版,第 1102 页。

一个民族没有了自己的思想和信仰的时候,无论这个民族如何富裕和强大,都避免不了遭受其他思想和信仰的侵蚀,最终被其他思想和信仰所同化和统治。

2. 增强思想认同

作为以人的思想道德认识为主要对象的社会实践活动,思想政治教育在实现社会总体价值认同中具有不容替代的重要作用。思想政治教育话语作为推进思想大众化的载体和媒介,其话语转换是实现价值理念转化的有效方式。人民性思想融入话语转换,不仅是一种价值原则的表现,更是推动思想政治教育理论转化为实践的关键所在。以人民性为切入点,进行相关制度安排和政策设定,是实现社会总体价值完成现实转化的关键。尤其是在新时代的背景下,世情、国情、党情都在发生显著变化,时代主题的转换必然对思想政治教育话语转换提出新的要求,以期更好地实现既定功能。思想政治教育以人民性思想作为话语转换的基点和方向,必将增强思想政治教育话语的吸引力、传播力和感召力,从而增强思想的认同力,带来精神层面质的变革。思想政治教育话语在演进的过程中不仅通过持续转化推动了人民性思想的认同,而且通过"掌握群众"转化为共治共建共享的根本力量,助推人民性思想的丰富发展。"人心齐,泰山移",正是因为有了共同的信仰和统一的意志,我们才能凝聚共识,同向同行,从积贫积弱任人宰割走向繁荣复兴屹立东方;我们才能集中力量把一个个不可能变成可能。如果今天的中国要印一张名片向世界介绍我们这个民族,那就是今天的中国人把不可能变成了可能。一个民族要前进,一个国家要富强,没有精神动力是无法想象的。社会的发展进步要有一种牵引,而思想政治教育就应该是这种牵引,而且,它也应该努力成为这种牵引。

3. 激发精神动力

社会价值的另一个体现是推进人民性思想的价值内化和行为外化，提高群众接受度和参与度。提高参与度的前提是增强人民的主体意识，而人民主体意识增强的哲学基础就是马克思主义的群众史观，核心内容就是人民性思想。为此，在思想政治教育话语中融入人民性思想，有助于在建构"价值共同体"基础上，充分激发人民群众的积极性、主动性和创造性，从而确证人民权利，凝聚发展合力，维护人民利益，实现精神力量向物质力量的转化。

第三节 人民性思想为思想政治教育话语演进奠定理论基础和转化依据

人民性思想是马克思主义的重要组成部分，人民性的话语表达是无产阶级政党的显著标志。作为中国共产党实现马克思主义与工人运动相结合的价值基础，人民性思想强调党的一切工作都必须以人民的利益为根本出发点和落脚点，是实现政党自觉、阶级自觉和民族自觉融合的思想前提。

人民性思想基于马克思主义关于人民是历史创造者的基本原理，并结合中国的实际情况，形成了一套关于以人民为中心的发展思想。这套思想为思想政治教育话语的演进提供了理论支撑，使之更加符合时代要求和实际需要。同时，人民性思想强调人民利益高于一切，这一价值导向为思想政治教育话语演进指明了方向，确保话语体系始终服务于人民的根本利益，反映时代精神和人民愿望。

人民性思想不仅仅是一种理论抽象，更是具体的实践指导。人民性思想强调与时俱进，不断根据新的社会实践和发展要求，丰富和发展人民性思想的内涵，将人民性思想转化为具体的政策、法律和实际行动，这为思想政治教育话语的演进提供了源源不断的创新动力。人民性思想的中国实践也为世界提供了中国智慧和中国方案，通过国际传播，人民性思想的话语体系得以在全球范围内推广，促进了国际交流和理解。

总之，人民性思想为思想政治教育话语的演进提供了坚实的理论基础和实践转化的依据，这一理念深深植根于中国共产党革命、建设和改革的实践之中，并被赋予了鲜明的历史特色、中国特色、时代特色，保证了话语体系的时代性和先进性，同时也为中国特色社会主义的发展和全球治理提供了重要的思想资源。

一 人民性思想的中国阐释和话语嬗变是马克思主义基本价值取向的继承和发展

人民性思想的中国阐释秉承了马克思主义关于人民群众的观点，强调人民是历史的创造者和推动者，体现了马克思主义关于人民群众的重要性和历史地位。在中国共产党的思想政治教育话语演变中，对马克思主义基本价值观的这一方面进行了深入阐释和发展。同时，人民性思想在中国的阐释和话语演变中，将马克思主义基本价值观与中国的国情相结合，强调了以人民为中心的发展思想，提出了一系列关于人民利益、人民群众作用和发展成果与人民福祉关系的新理念，体现了对马克思主义基本价值观的发展和丰富。具体体现在以下几个方面：

(一) 马克思主义的中国化

马克思主义在中国传播和发展过程中,与中国的实际相结合,形成了具有中国特色的马克思主义理论体系。人民性思想作为这一理论体系的核心内容,是对马克思主义关于人民立场、人民主体地位的深刻阐释和具体实践。

(二) 群众路线的实践

群众路线是中国共产党的一项基本工作路线,强调一切从人民群众的利益出发,一切依靠人民群众,一切服务于人民群众。这一路线是对马克思主义关于无产阶级政党应该代表最广大人民利益的具体体现。

(三) 社会主义民主政治建设

中国在推进社会主义民主政治建设的过程中,不断发展和完善人民民主,确保人民能够管理国家事务、经济和文化事业、社会事务。这是对马克思主义关于无产阶级专政和社会主义民主理论的丰富和发展。

(四) 以人民为中心的发展思想

在当代中国,发展思想更加注重以人民为中心,强调发展的根本目的是满足人民日益增长的美好生活需要,促进人的全面发展。这是对马克思主义关于人的全面发展的理论的具体实践。

(五) 社会主义核心价值观的培育和践行

社会主义核心价值观强调富强、民主、文明、和谐,以及自由、平等、公正、法治,还有爱国、敬业、诚信、友善。这些价值观的培育和践行,是对马克思主义关于共产主义社会道德建设的继承和发展。

通过这些方面，人民性思想在中国得到了独特的阐释和生动的实践，成为中国共产党领导下的社会主义建设的重要理论指导和实践原则。它不仅是马克思主义基本价值取向在中国的继承，也是对其进行创新发展的重要体现。

二 话语演进的方法论推进新时代"以人民为中心"的价值取向的现实转化

话语演进的方法论是指通过语言表达和传播的方式，不断推进新时代"以人民为中心"的价值取向的现实转化。这一方法论的核心在于，通过话语的不断演进和创新，使"以人民为中心"的价值观念深入人心，成为人民群众自觉遵循的行为准则。

首先，人民性思想发展及其话语转换是推动思想理念大众化的关键环节。

在中国共产党的领导下，人民性思想不断发展，其话语体系也在不断转换，以更好地适应不同时期的社会发展需求和人民群众的理解接受能力。例如，从"人民公社化"到"改革开放"，再到"社会主义核心价值观"，这些话语的转变反映了不同时期的社会发展重点和人民群众的关注焦点，有助于增强不同时期思想理念的传播力、吸引力和号召力。同时，推进人民性思想的大众化，不仅要着眼于理论建构主体，还要立足于大众化的客体，透过人民性思想表达和话语转换的基本历程，就可以发现话语创新和思想创新，要紧密结合思想路线、政治路线和组织路线，以践行群众路线的自觉将时代主题与思想阐释结合起来。例如，将抽象的社会主义核心价值观转化为具体的行动指南，通过生动的例子和生活中的实践来解释和传播。将理论合理性价值转化为人民的实践，不断增强人民性思想的解释力，不断增强价值关怀的现实性，真正将最广大人民凝聚为实现中华民族伟大复兴的主体力量。①

其次，人民性思想话语的转换是推动人民性思想的价值内化和行为外化的重要手段。

价值内化是指人民性思想成为人民群众内心的价值认同和行为准则，行为外化则是指人民性思想在人民群众的具体行为中得到体现。一方面，人民性思想的话语转换需要与人们的价值观念相结合，使之成为人民群众内在的价值追求。通过将人民性思想与人们的日常生活、文化传统和道德观念相联系，促进人民性思想的价值内化；另一方面，人民性思想的话语转换还需要与人们的行为实践相结合，使之成为人民群众外在的行为表现。通过将人民性思想融入政策制定、法律规范、社会治理等各个领域，推动人民性思想的行为外化，增进改革发展稳定的协调性和融合性，实现精神力量向物质力量的转化，打造共治共建共享新格局。

最后，人民性思想话语在铸牢中华民族共同体意识中扮演着至关重要的角色。

一是强化国家认同。人民性思想话语强调国家的一切权力属于人民，国家的发展目标是人民的福祉。这种话语有助于强化国家认同感，使全体人民共同认同国家的主体地位，从而铸牢中华民族共同体意识。二是促进民族团结。人民性思想话语强调各民族平等、团结、互助、和谐，这种话语有助于促进不同民族之间的交流与理解，增强民族团结，铸牢中华民族共同体意识。三是提升人民意识。人民性思想话语

---

① 参见杨彬彬《人民性思想表达的话语演进与现实意义》，《思想教育研究》2019年第4期。

注重提升人民的政治意识、民族意识、文化意识等,这种话语有助于引导人民认识到自己在国家和民族发展中的地位和作用,从而增强中华民族共同体意识。四是引导人民行为。人民性思想话语不仅仅是一种思想理念,更是一种行为准则。它引导人民在日常生活和工作中,以国家和民族的利益为重,以实际行动来体现中华民族共同体意识。五是增强社会凝聚力。人民性思想话语有助于增强社会的凝聚力,使全体人民在共同的价值观念和目标下团结起来,共同为实现国家的繁荣富强和民族的伟大复兴而努力。

第二章　思想政治教育话语的演进历程

思想政治教育话语是一个过程性、历史性的命题，它的现实样态是对社会生活中各种现象和问题的解释，它传达了一种社会信息，表达了一种价值方面的引领，展示了历史发展的脉络与逻辑联系。因此，在新时代，要想研究思想政治教育话语发展的时代特征，就要从思想政治教育话语发展的历史脉络中去把握其发展规律。同时，思想政治教育话语研究还具有一定的历史特点，我们要研究其与历史发展的内在逻辑，通过这样的研究，能够为我们研究思想政治教育话语发展的新形态和未来发展道路提供依据。

第一节　新民主主义革命时期

中国共产党从"星星之火"开始，到"可以燎原"趋势真正形成，再到中华人民共和国成立，从一定意义上说，它是新民主主义革命时期党对思想政治教育话语的继续发展，并进而把握其话语权。从总体上看，党在这一时期思想政治教育的话语重在引导人民群众充分认识民族危机与阶级矛盾，把民族独立与人民解放当作话语的终极关怀和终极目标，全面观照中国社会和广大人民群众的现实需要和利益诉求，进而在同敌对势力的较量中牢牢把握思想政治教育话语权。

一 新民主主义革命时期思想政治教育话语的历史演进

（一）五四运动高举反帝反封建大旗，开启中国新民主主义革命航程

马克思主义强调工人阶级的重要作用，使得当时中国的先进知识分子开始了解工人群体并对其宣传马克思主义。在传播马克思主义方面，李大钊当属第一人，其《我的马克思主义观》深深影响了青年们，是最早将马克思主义进行比较全面介绍的论著。马克思关于剩余价值、阶级斗争等的理论，被陈独秀当作对无政府主义、第二国际机会主义的批判武器发表在《谈政治》《马克思学说》等文中。为了反对当时的假社会主义流派，李达对"什么是社会主义""怎样建设社会主义"等根本问题进行了解释和说明。当时，五四运动的先进分子主要通过文本话语的形式，向当时的工人阶级讲解、说明马克思主义的重要思想，并试图将其与中国的工人运动有机结合起来，让工人阶级成为马克思主义在中国扎根前进的可靠主体。自此开始，马克思主义逐渐引领民众的思想，思想政治教育话语体系日趋规范化、条理化和系统化。显然，如列宁所言，"马克思主义也远远不是一下子就巩固了自己的地位的。马克思主义在它存在的头半个世纪中一直在同那些与它根本敌对的理论进行斗争"[①]。中国应该选择社会主义还是无政府主义，这样的争论在"五四"时期频繁出现，论战激烈，其问题的核心就是"问

---

① 《列宁专题文集·论马克思主义》，人民出版社2009年版，第149页。

题"与"主义",它在一定程度上让人们更加深刻地认识了马克思主义。

为了加速工人们对马克思主义的觉悟,1920年8月到1921年春,共产主义小组在国内一些城市成立。他们通过多种方式对工人们宣扬马克思主义,例如发表论著、创建课程学习班和书社等。马克思主义话语不再是以往的较为分开、零星的传播,而是较为集中的系统传播。中国共产党在正式成立之前,在思想阐释、宣传方面取得了较好的成果,其不可忽视的原因就是以反帝反封建为主题,指导相关工作并进行话语体系的建构,这不仅是从理论角度去构建人民性思想政治教育话语体系的尝试,同时也是从实践角度进行的探索。新文化运动的一个重要意义就是引进了"德先生"和"赛先生",这使得中国人民从另一方面认识了西方的相关情况,从而希望能够从中找到解救中国的办法。但是,当时马克思主义的话语权并不十分牢固,它不断被实用主义、无政府主义和党内存在的各种思潮挑战着。因此,我们需要总结、清理各种错误和不当思潮,让人民的力量团结起来而不是被继续分散。毛泽东就是在这一时期肩负着这样的重要任务,结合中国的实际情况阐释马克思主义的重要代表之一。对社会进行必要的改良是他在青年时期就认识到的重要问题,于是他以对民族命运的关怀为目标进行了不懈努力。随后毛泽东由主张"改良"转为主张革命和阶级斗争,实为他对国内形势的变化以及对国情的正确理解。"谁是我们的敌人?谁是我们的朋友?"毛泽东在《中国社会各阶级的分析》中对阶级划分的这个问题提出了自己的独到见解。如今党的思想政治教育话语之所以能稳固地向人民传播,得益于毛泽东对这一问题的解决,他在弄清中国革命首要问题的同时,也团结和凝聚了人民,使其做到知行合一,其中所蕴含的正是思想政治教育话语的内在力量。

(二) 1921 年 7 月 23 日，党的第一次全国代表大会召开，中国共产党正式成立

会议通过了中国共产党第一个纲领，确定党的名称为"中国共产党"，规定了党的纲领：革命军队必须与无产阶级一起推翻资本家阶级的政权；承认无产阶级专政，直到阶级斗争结束，即直到消灭社会的阶级区分；消灭资本家私有制，没收机器、土地、厂房和半成品等生产资料，归社会公有；联合共产国际。纲领明确提出要把工人、农民和士兵组织起来，并确定党的根本政治目的是实行社会革命。会议通过的《关于中国共产党任务的第一次决议》中指出："党在工会里灌输阶级斗争的精神。"这为党的思想政治教育话语铺开道路，并赋予了特殊的意识形态的特点。从此，马克思主义思想的输入有了思想政治教育话语作为尖锐武器。[①] 思想政治教育话语的形式经历了历史性的变化，在中华人民共和国成立以前，主要是把宣传和鼓动相结合，以宣传为主，以鼓动为目的，主要以文本和日常话语的形式进行。

新民主主义革命时期，即从中国共产党成立到中华人民共和国成立这段时期，党把救国作为主要任务。[②] 而这一时期的胜利有一个重要的支撑，就是话语的支撑。中国共产党从一开始就将推进马克思主义在工人、农民中的传播作为重要任务，通过思想政治教育话语对人民进行激励，使人民群众投身于伟大革命实践。由此可见，受众的范围广是建党初期思想政治教育话语体系的特点。革命军队必须和无产阶级团结起来去将资产阶级推翻，这是大革命时期，党根据当时的形势

[①] 参见窦星辰《新时代高校思想政治教育话语体系建构研究》，博士学位论文，河北大学，2021 年。

[②] 参见鲁明川、朱存华《中国共产党百年思想政治教育话语体系的历史演进与现实启示》，《学校党建与思想教育》2021 年第 9 期。

所提出的。党充分意识到，要完成中国革命任务，必须团结工人、农民的力量，结成工农联盟。党在这一时期得到的帮助与支持，与党所提出的诸如"各革命阶级联合""民众""联合战线"等标志性话语分不开，因为它们将党的政治主张和阶级属性呈现得十分清晰、有力。由此可知，让全体民众团结起来为革命事业贡献自己的一份力量，是这一时期思想政治教育工作所要关注的焦点。因此，党的思想政治教育宣传工作、组织动员工作、实践工作中的各类标志性话语、文件、决议等构成了这一时期的思想政治教育话语体系，说明此时的话语体系尚处于发展的初期，其内容、形式、制度、组织等方面还不够成熟，但紧密地与反帝反封建的核心任务结合起来，起到了扩大中国共产党在民众中的影响，提高政党形象的重要作用。

（三）秋收起义后，毛泽东通过"三湾改编"将支部建在连上，从而奠定了党对军队的绝对领导地位

此后，他又在井冈山革命根据地充分运用"三大纪律八项注意"的前身——"官兵平等""三大纪律，六项注意"这些标志性的话语对军队进行了思想上的洗礼，并且深深地影响了群众对军队的看法。党在此时的思想政治教育话语体系让党内保持着知行合一，因为此时的党不仅审视了当时的国内外环境，而且对自身进行了深刻的反省，将各种通俗、直观、具体、大众的话语运用起来，从而使得党内外军民一心。1935年召开的遵义会议是中国共产党独立解决中国革命问题的开端，同时也意味着中国共产党真正开始了思考与建构自身话语体系的历程。党提出的号召"全中国人民、政府和军队团结起来，筑成民族统一战线的坚固的长城，抵抗日寇的侵略"这一通告，意味着当时的国内革命已经转向了民族革命，为此，党以建立抗日民族统一战

线作为开展思想政治教育的主体方针。此后党通过加强不依赖、自主的宣传教育，对抗日战争中的右倾错误进行抵抗与反对。以毛泽东为代表的中国共产党人始终立足具体的革命实际，"使马克思主义在中国具体化，使之在其每一表现中带着中国的特性"，从而构建了将人民对党的任务和奋斗目标进行认识上的统一的思想政治教育话语体系。党之所以能获得人民的支持与爱戴，从而助力实现民族独立和人民解放，其重要原因就在于对人民进行宣传的话语的通俗化，即用人民能够理解的话语，去宣传党的思想主张、方针等。1938年，毛泽东的《论持久战》，为了给当时的思想政治教育工作从理论上提供指导，他对战争的目的、战争和政治的关系、抗日战争中的政治动员进行了深入剖析。"停止内战，一致对外""抗日民族统一战线"等话语以其巨大的精神力量充分激发着全国人民的爱国热情，大大地助力了我国的抗战事业。1941—1942年，毛泽东先后撰写了《改造我们的学习》《反对党八股》《整顿党的作风》等重要报告，在"惩前毖后、治病救人"的话语氛围下，全党展开了反对主观主义、宗派主义、党八股的整风运动。正是凭借着整风运动，党将教条主义的错误思想清理干净，从而在思想上实现了解放与统一。始终坚持以一种政治为主导，是这一时期的思想政治教育话语体系的特点，使得思想政治教育话语体系实现了多样化教育客体价值取向与需求和一元化主导的辩证结合。解放战争时期，能够充分反映当时人民的热烈要求的标志性话语莫过于"打倒蒋介石，解放全中国"等，党能够始终顺应民意，人民也始终站在党的一边，这对于解放战争的局势产生了重大的影响。1949年，毛泽东为了避免革命取得胜利后可能出现的问题，分析了当时我党所处的形势，在党的七届二中全会上提出了"两个务必"，并且强调要时刻高度警惕资产阶级的腐朽思想。"两个务必"后来成为中国共产党人开展各项工作的基本原则和要求。

二 新民主主义革命时期思想政治教育话语的影响

新民主主义革命时期的思想政治教育话语有别于中华人民共和国成立后的话语系统。中华人民共和国成立以后，中国共产党是作为执政党而存在，党的思想政治教育话语已经具备了前提上的合法性，把握思想政治教育话语权，实际上更大程度上是论证思想政治教育话语存在合理性，并如何凸显合理性的过程。而新民主主义革命时期思想政治教育话语发展的重要目的事实上还是争夺话语权进而掌握合法权的过程。所以，新民主主义革命时期思想政治教育话语发展的意义既是为了后续话语发展打下基础，也是为思想政治教育话语未来发展提供一种话语权的争夺方面的经验借鉴。[①]

中国共产党成立于新民主主义革命时期，这一时期党的力量是较为薄弱的，思想政治教育话语主要集中在发动群众和初步建设军队方面。新民主主义革命的首要任务即反帝反封建，也就成了中国共产党建党之初思想政治教育工作的重中之重。因此，这个阶段的思想政治教育话语主要是以动员革命群众积极投身反帝反封建的实践为目标。中国共产党在这一时期通过组建工会和革命团体、办杂志、开书社等活动，以各种革命文本为载体，大力宣传我党的一系列具体主张和政策方针，同时发挥其稳定民心、积聚民众力量的思想动员作用。这些以文字为载体的话语表达真实反映了群众心声，坚定了民众对革命的信心，激发了革命力量，是这一时期的主要思想武器。

---

① 参见孙晓琳《思想政治教育话语发展研究》，中国社会科学出版社2022年版，第67—72页。

通过这一时期党中央的精心部署和对时局的精准评估，思想政治话语实践成功地完成了帮助民众意识到自身历史使命并积极投身革命的主要任务。这一任务的达成源于在内外交困局势下，党中央对社会主要矛盾的清醒认知，对战略方针的及时调整，以及通过思想政治教育话语开展的深入的政治宣传。在内外交困的复杂形势下，通过有目的、有计划、富有系统性和针对性的宣传思想工作和理论灌输教育，中国革命的主要力量——广大工农群众逐步摆脱自身局限性，焕发出高涨的革命热情和不竭的革命动力。同时，在革命军队中，开始了中国特色社会主义革命道路的初始尝试，高度重视军队建设中思想政治工作的极端重要性，通过"三湾改编"，以"支部建在连上"的方式实现了党在政治上和组织上对军队的绝对领导，统一了思想，厘清了认识，解决了实践中的突出问题，形成了意志坚定、步调一致的革命队伍，为我们走自己的路奠定了坚实基础。

第二节 社会主义革命和建设时期

中华人民共和国成立后，中国共产党成为执政党，巩固党的执政地位是这一时期思想政治教育工作的重点，党内教育和党风建设成为这个时期话语建设的重点。党中央取得社会主义改造决定性胜利的基础，就是党对自身政治主张和价值取向的高度阐释，同时通过开展"三反"和"五反"等运动，党的先进性和纯洁性也进一步提高，而这些成功得益于在马克思主义指导下对社会主义建设规律的把握和对话语体系的重建。党中央不忘初心，勇往直前，坚决抵制"以阶级斗争为纲"等错误言论和实践，使得思想政治工作重新步入正轨，深深启示着改革开放新时期党的建设，并给予了有益的建议。

一 社会主义革命和建设时期思想政治教育话语的历史演进

(一) 中华人民共和国成立初期,思想政治教育以马克思列宁主义为中心内容

这个时期的主要任务是抗美援朝,巩固国防,土地改革,镇压反革命,加强党的建设。号召全党加强对马克思列宁主义的学习、对毛泽东思想的理解和认识,加强党员的党史、国史以及中国社会发展史教育,研究内容主要有政治常识、理论常识和马克思主义经典作家理论著作等,在此过程中深入理解相关的理论著作所蕴含的深刻见解,以期为党内政治生活提供理论指导。

对于青年团员,他们的学习内容要与党员的学习内容相结合,即团员的学习内容在学习条件无异的情况下,可以与党员一致。积极分子同时也可自愿接受组织的安排系统学习。1951年设立了宣传员和报告员制度。宣传员要对国内外的时事政治、党和人民政府的政策、人民群众的任务、人民群众在生产劳动和其他工作中的模范经验等向党组织报告。报告员是高级的宣传员,是宣传员的领导者,其要报告的内容包括时事、政策、工作任务、工作经验。[1]

(二) 过渡时期,不同领域思想政治教育话语在内容上存在差异性

一是以农民为对象、以农村为中心的论述内容,鼓励农民进行生产,以大办农田水利基础设施来推动农业生产,激励农民弘扬艰苦奋

---

[1] 参见王咏梅《思想政治教育话语发展研究》,博士学位论文,辽宁大学,2018年。

斗精神，帮助农民树立起实现农业现代化的信心。二是对工人阶级的教育，内容有提高青年工人政治觉悟，确立工人阶级立场，对新工人、青年工人倡导勤俭节约等方面，通过劳动竞赛让工人阶级大刀阔斧地进行技术革命，而在青年工人、新工人中掀起学文化、学技术的热潮，让工人适应工业现代化发展要求。三是针对知识分子的劳动锻炼工作，通过和群众共同工作，增长实际经验，深刻认识革命建设事业之不易，在工作中领略人民的聪明才智，把劳动人民平等地视为朋友，并同他们建立情感上的联系，以巩固工人阶级立场和共产主义世界观。

(三) 全面进入社会主义建设时期，思想政治教育话语内容丰富多样

这一时期，针对不同教育对象，思想政治教育话语内容也进行了相应的调整。首先是针对知识分子的话语内容，主要包括三个方面：一是保障知识分子的工作条件与待遇，并充分信任知识分子开展的工作。二是在实际工作中把自己的事业同社会主义事业联系起来，到工厂、农村去感受我国建设事业的成就，坚持从理论上研究，从实践中认识马克思列宁主义。三是对知识界中的反革命分子进行全面清算。其次是对工商业者进行教育，包括对少数工商业者抵制思想教育行为进行批判和对大多数工商业者走社会主义工业化道路观念进行塑造。再次是针对农民的教育，包括阐明合作化优越性；帮助农民克服本位主义观念，形成社会主义利益观；为巩固工农联盟而开展工农关系、城乡关系教育；修正对工农生活差别的错误看法；开展农民法制教育，培养守法观念等，使之形成有利于农业生产发展的态势。最后是关于工人阶级的教育，内容包括工人阶级领

导地位与历史责任感教育；社会主义利益观的塑造；理解民主与集中之间的关系；通过劳动竞赛，发挥先进生产者的模范作用；在提高工人阶级科学文化水平的同时培养和提高他们的能力，为社会主义建设出力。

(四) 国民经济调整时期，思想政治教育的话语内容和教育对象仍紧密相连

一是加强对广大干部的马克思主义理论教育，使其知识水平适应建设社会主义对人才的要求；加强党史宣传教育，进一步弘扬党的革命传统与革命理想；加强执政党的建设，避免干部队伍中特权阶层的形成；鼓励广大党员干部从事集体生产劳动，解决干部脱离群众问题。二是对农民开展思想政治教育工作，论述内容表现为《农业六十条》，使农民对社会主义有深刻的理解，从而培养农民集体主义、爱国主义精神，从而增强其建设社会主义的积极性，并引导农民养成热爱祖国和集体的共产主义作风。三是教育工人阶级，话语内容多是强调自力更生、艰苦奋斗和勤俭节约的精神，让工人阶级能自觉认识社会主义思想并强化对其的理解；鼓励职工由城市到农村，精简城市人口，给工人以思想疏导，调动他们为国家出力的积极性，帮助工人阶级自觉领悟社会主义的真谛，从而调动其建设社会主义新中国的积极性。

二 社会主义革命和建设时期思想政治教育话语的影响

(一) 增强人民凝聚力

长期的抗日战争与解放战争导致我国一贫如洗、千疮百孔，积贫积弱这一国情要求我们必须集合一切力量共同建设。所以，秉持思想

政治教育话语服务于社会发展这一趋势,话语内容必然是要凝聚人心,积聚力量,这既符合中国共产党建设规律,也符合当时的社会价值取向。有力、奋发、昂扬的宣传口号与声势浩大的社会主义教育相配合,可以激发新生政权之下的建设共鸣。而通过这种思想政治教育话语,可以安定人心,激发干劲,营造力争上游的氛围,并提升社会向心力与民众凝聚力。①

鉴于中华人民共和国成立后国内形势的复杂性,中国共产党在首次全国宣传会议上指出,这一时期思想政治教育必须避免"左"倾错误,即必须把握话语权。思想政治教育要想提高社会向心力与凝聚力,不可能采取强制化、命令性与行政化等措施,所以社会主义革命和建设时期更多地采取说服教育和从人民群众中学习语言等形式,这样才能把广大人民群众凝聚到自己身边。

(二) 塑造奋发图强的社会心态

三大改造的胜利完成并未彻底改变一穷二白的国家面貌,为尽快地改变这一状况,调动人民群众生产的积极性,全国人民都有奋发图强的强烈愿望和迫切要求,希望干出一番伟大的事业。正是基于这种社会心态在全国各地的广泛存在,使得这一时期的标语、口号等话语内容无不富有感召力与渲染力,热情洋溢,豪情万丈。而正是由于全国上下齐心协力建设社会主义的火热现状,一个又一个典型人物和生动事迹在此过程中不断涌现,在全国范围内形成了学习这些榜样的热潮。迎合和助推社会发展,这一时期思想政治教育话语自然在"建设"这一主题上下足功夫,充分发挥典型教育的功能,发扬和宣传在

---

① 参见王慧婷《思想政治教育话语的历史演变和创造性转换》,硕士学位论文,浙江大学,2019年。

建设大潮中涌现出的先进人物的优秀精神，推动良好社会道德风尚的形成。

第三节 改革开放和社会主义现代化建设新时期

伴随着改革开放进程和社会主义现代化建设向纵深发展，"富起来"不仅是改革开放巨大成就的形象化总结，更是人们对现实生活今后发展的殷切希望。社会主义到底是什么，这已成为一个值得关注的重大命题。这一时期出现了"贫穷不是社会主义"和"落后不是社会主义"等基于实践的科学判断。可以说，"改革开放在很大程度上调动了大多数人的创造性，使社会生产力得到了很大的解放与发展，社会发展的活力得到了很大提高。此后，人民生活显著改善，中国的经济实力、科技实力、国防实力和综合国力逐渐跻身世界前列，国际地位空前提高"[①]。党的十一届三中全会以来，尤其在拨乱反正和"真理问题大讨论"运动中，解放思想、实事求是的思想路线得到恢复和确立，全党的工作重心又转向经济建设，思想政治教育也逐步形成了"围绕经济建设这个核心""强化爱国主义宣传教育""端正思想路线"这样凸显建设色彩的话语风格。在语境发生深刻变化的情况下，思想政治教育话语在内容、形式和具体评价标准上都得到创造性发展与创新性转变，思想政治教育话语已逐步进入理性化和科学化建设阶段。

---

① 王炳林：《共和国成长之道——为什么能够实现从站起来、富起来到强起来的伟大飞跃》，《当代世界与社会主义》2019年第3期。

一 改革开放和社会主义现代化建设新时期思想政治教育话语的历史演进

从历史发展来看,改革开放以来中国思想政治教育的话语转变大体经历了两个时期,即思想政治教育话语纳入学科体系的快速发展阶段和思想政治教育话语的新拓展阶段。每个阶段相对于前一个阶段都有所发展,每个阶段的话语都带着历史的色彩,具有相应的特征。为了加快之后的思想政治教育话语构建,掌握各阶段的发展特征是很有必要的。

(一) 思想政治教育话语融入学科体系快速发展阶段

这一阶段,党对开展思想政治教育工作给予了前所未有的高度重视。1994年,江泽民《在全国宣传思想工作会议上的讲话》中指出:"我们的宣传思想工作,必须以科学的理论武装人,以正确的舆论引导人,以高尚的精神塑造人,以优秀的作品鼓舞人,不断培养和造就一代又一代有理想、有道德、有文化、有纪律的社会主义新人,在建设有中国特色社会主义的伟大事业中发挥有力的思想保证和舆论引导作用。"在理论上、舆论上、精神上都应加强思想政治教育工作,这表明党的思想政治教育工作出现了一个细微的转变,即思想政治教育工作更重视话语创建工作,使思想政治教育话语获得了一个全新的发展契机。[①] 2000年,江泽民《在中央思想政治工作会议上的讲话》中进一步指出,"从上到下的一切思想文化阵地,包括理论、新闻、出版、报刊、小说、诗歌、音乐、绘画、舞蹈、戏剧、电影、电视、广播、网

[①] 参见邱仁富《论新中国60年思想政治教育话语发展的曲折历程》,《求是》2010年第1期,第77—80页。

络等，都应该成为我们宣传科学理论，传播先进文化，塑造美好心灵的阵地。"由此可以看出，不仅载体的构建和发展是思想政治教育工作中不容忽视的一个侧面，而且话语体系在内容与结构上同样有待强化，思想政治教育工作话语已步入全面发展阶段。

党中央关于思想政治教育要坚持"四个有利于"的要求，为思想政治教育的话语建构明确了方向。党的十四届六中全会指出："鼓励支持一切有利于解放和发展社会主义社会生产力的思想道德，一切有利于国家统一、民族团结、社会进步的思想道德，一切有利于追求真善美、抵制假恶丑、弘扬正气的思想道德，一切有利于履行公民权利与义务、用诚实劳动争取美好生活的思想道德，团结和引导亿万人民积极向上，不断提高全民族的思想道德水平。"思想政治教育话语建构一定要以"四个有利于"为发展方向，一定要有利于社会生产力发展和国家统一、巩固民族团结与社会进步，形成和平稳定的社会氛围，求德求美，志愿奉献。党的十六大报告指出，"认真贯彻公民道德建设实施纲要，弘扬爱国主义精神，以为人民服务为核心、以集体主义为原则、以诚实守信为重点，加强社会公德、职业道德和家庭美德教育，特别要加强青少年的思想道德建设，引导人们在遵守基本行为准则的基础上，追求更高的思想道德目标。加强和改进思想政治工作，广泛开展群众性精神文明创建活动"。这表明，我国思想政治教育工作已开始从社会公德、职业道德、家庭美德教育上扎扎实实地进行。党的十六大后，思想政治教育工作步入了跨越式发展的轨道，建立了马克思主义一级学科，实施了中央马克思主义理论研究与建设工程，出台《中共中央宣传部、教育部关于进一步加强和改进高等学校思想政治理论课的意见》和其他系列文件意味着我国思想政治教育工作有了新的进展，也意味着思想政治教育话语体系构建的飞跃性推进。

这些发展集中体现在"三个改革方案"之中,即思想政治理论课的三个教材体系大改革——"85"方案、"98"方案和"05"方案。经过这样的改革,系统化、结构化、科学化的思想政治理论教材体系逐渐成形,为思想政治教育话语的发展提供了丰富的基础。思想政治理论教材承载着丰富的思想政治教育话语内容,以其通俗易懂、易传播的优势推动了思想政治教育话语理论的大众化。思想政治教育话语理论与思想政治教育教材话语是相互促进的关系,一方面,思想政治教育教材话语受到思想政治教育话语理论的指导;另一方面,教材话语的完善有利于思想政治教育理论的丰富和发展。"85"方案的提出,在很大程度上奠定了高校思想政治理论的学科基础,并从根本上对思想政治理论课教材体系进行了改革。"85方案"规定开设"中国革命史""中国社会主义建设""马克思主义原理"和"世界政治经济和国际关系",变"老三门"为"新四门";"98"方案在"85"方案的基础上,进一步改革并对原学科进行调整,将思想政治理论课设置为五门课程,即"马克思主义哲学原理""马克思主义政治经济学原理""毛泽东思想概论""邓小平理论概论""当代世界经济与政治"五门课程。党的十六大后,教育部发出《关于进一步深化"三个代表"重要思想"三进"工作的通知》,将"邓小平理论概论"课调整为"邓小平理论和'三个代表'重要思想概论"课;"05"方案提出开设"马克思主义基本原理""毛泽东思想、邓小平理论和'三个代表'重要思想概论""中国近现代史纲要""思想道德修养与法律基础"四门课程,另外开设"当代世界经济与政治"等选修课,使思想政治教育理论课逐步科学化。[①] 教材话语转变与教材体系改革密不可分,作为一

---

① 参见《普通高校思想政治理论课文献选编(1949—2008)》,人民出版社2022年版。

种强大力量不断推动思想政治教育话语发展。

(二) 思想政治教育话语的新拓展阶段

党的十七大报告中指出:"加强和改进思想政治工作,注重人文关怀和心理疏导,用正确方式处理人际关系。"报告创新性地强调了"重视人文关怀,进行心理疏导"的重要性,标志着党中央对思想政治教育学科的发展和创新有了新的理解,思想政治教育话语发展有了新的需求。也就是说,思想政治教育话语发展走向微观领域需要注意借鉴心理话语资源和差异性地发展思想政治教育话语。时代的发展和社会的进步呼唤着新领域的开拓,这是思想政治教育话语所必然面临的重要课题。党中央提出"六个为什么",即"为什么要坚持马克思主义在意识形态领域的指导地位而不能搞指导思想的多元化,为什么要坚持中国特色社会主义而不能搞资本主义,为什么要坚持公有制为主体、多种所有制经济共同发展的基本经济制度而不能搞私有化或'纯而又纯'的公有制,为什么要坚持人民代表大会制度而不能搞'三权分立',为什么要坚持中国共产党领导的多党合作和政治协商制度而不能搞西方的多党制,为什么要坚持改革开放不动摇而不能走回头路"。"六个为什么"是时代赋予思想政治教育工作者的新任务和新使命,同时,也为思想政治教育话语发展提供了新挑战和新机遇,成为助推思想政治教育发展的强大动能。

二 改革开放和社会主义现代化建设新时期思想政治教育话语的影响

改革开放和社会主义现代化建设新时期,党的主要奋斗目标是富国强兵。改革开放初期,邓小平针对经济、政治、社会领域出现的新问题及历史遗留问题写信给党中央，对"两个凡是"错误观点进行批判，提出"解放思想，实事求是，团结一致向前看"。在这一论述的指引下，1978年，党的十一届三中全会提出"围绕经济建设这个核心"，把注意力转向社会主义现代化建设。在"解放思想，实事求是"的话语氛围中，形成了以四项基本原则为核心的党的基本路线。在经济领域，一方面，调整和改革国家发展进程中经济基础和上层建筑、生产力和生产关系不相适应的地方，使"改革"成为这一时期的话语主流；另一方面，试办经济特区，给予特殊政策，采取灵活措施，"开放"成为标志性话语。"改革开放"成为发展社会生产力和提高人民生活水平的主要方式，并得到广泛认同。至此，"一个中心，两个基本点"就成为这一时期的思想政治教育话语体系。

改革开放的探索时期，思想政治教育话语呈现新的时代特征。伴随着改革开放的深入发展，自由主义和拜金主义等不良思潮乘虚而入，给人们的思想意识和价值观念带来不利影响。为消除不良思潮的影响，邓小平在1982年党的十二大上强调，中国的社会主义需要"走出一条建设中国特色社会主义之路"，这一时期，"中国特色社会主义"成为思想政治教育话语体系中具有里程碑意义的话语。

改革开放全面推进时期，伴随着中国特色社会主义事业不断前行，我国综合国力逐渐增强，国际形势风云多变，国际竞争日益激烈。由于经济体制改革对过去利益格局和社会结构的冲击，为在国内和国际日趋复杂的环境下不断推进改革开放，党中央及时提出"和谐社会"这一标志性论述，从物质文明和精神文明两个方面构建话语体系。物质文明建设方面，形成了以"科学发展观"为中心的话语内容；精神文明建设方面，提出"建设社会主义核心价值体系"的重大命题，一系列的主流话语，如"八荣八耻""核心价值观""民族精神"等应运而生，实现了思想政治教育话语体系的与时俱进。①

第四节　中国特色社会主义新时代

进入新时代，党中央秉持稳中求进的工作总基调，立足于党的十八大以来的实际情况，规划了到 21 世纪中叶的奋斗目标，为开展思想政治教育、进行话语传播创造了健康的语境。在这一过程中，以推进思想政治工作开展为主题，以改革创新为动力，以"三观"教育为主线，以满足人民对美好生活的需要为根本目的，结合当前国内外出现的新情况、新变化、新趋势，思想政治教育话语发展有了新要求和新方向。中国共产党坚持党性原则，重点突破，弥补不足，引导舆论往正确的方向发展，营造良好的社会风气。"四个全面""科技强国战略""脱贫攻坚""全球抗疫"等时代话语的提出，为疫情防控战以及国家发展提供了强大的语言力量，思想政治教育话语的科学性大幅提升，为"十四五"时期我国的稳步发展提供了思想保障和精神动力。②

一　中国特色社会主义新时代思想政治教育话语的历史演进

自党的十八大以来，中国共产党以实现"两个一百年"奋斗目标和中华民族伟大复兴中国梦为目标，以一系列治国理政的新理念、新思想为指导，砥砺前行，中华民族面貌空前改变，中华民族正以新

---

① 参见高鑫《改革开放以来中国共产党思想政治教育话语体系的发展历程与基本经验》，《思想教育研究》2019 年第 7 期。
② 参见李韵琦、陈坤《建党百年思想政治教育话语体系的逻辑源点与历史经验》，《思想政治教育研究》2021 年第 3 期。

的姿态挺立在世界东方。可以这样说："强起来"是新时代中国特色社会主义事业发展的一个明显标志。与"站起来"和"富起来"相比，对"强起来"这个概念的认识有两方面：一是纵向比较现在强于以前；二是横向比较我国强于外国。这两个方面聚焦党和国家发展的现实样态和今后一个时期的发展目标，紧紧围绕"新时代坚持和发展什么样的中国特色社会主义，怎样坚持和发展中国特色社会主义"这一重大时代课题，形成全面展现中国特色和时代内涵的多元思想政治教育话语。在中华民族真正走向"强起来"的征程中，绝大多数社会成员的生存方式都经历了深刻的变革，"陌生人社会"逐步替代"熟人社会"使得绝大多数社会成员在社会互动过程中产生了一种全新的生存方式和交往方式。与此同时，一些"短平快"的视频软件已经成为新时代社会成员的休闲模式，并深刻地改变了社会成员的思维方式，许多社会成员都在这浮躁、闲适的互动中，忽略了自我精神家园建设。精神家园某种程度的虚无，又对人们的话语方式产生了重大影响。从总体上看，社会成员在生存方式、思维方式和话语方式等方面都发生了深刻变化，使得思想政治教育话语越来越关注社会成员在时代发展中面对的现实命题，对中国发展实际处境的关切构成凸显中国特色和时代内涵的特定论述。在这种敞开性时代语境中，党和国家十分重视思想政治教育话语体系构建，相继召开了新闻舆论工作座谈会、哲学社会科学工作座谈会、全国高校思想政治工作会议、学校思想政治理论课教师座谈会等会议，出台了《中共中央、国务院关于加强和改进新形势下高校思想政治工作的意见》《中共中央关于加强党的政治建设的意见》等有关制度和文件，促进了新时期思想政治教育和意识形态教育的新进展。

(一) 建立以问题为中心的话语思维方式

党的十八大以来，中国共产党基于对我国发展新阶段和新时代的科学判断，通过问题倒逼，精准把握我国社会发展过程中遇到的新课题。为应对时代发展和实践变革的深刻需求，党中央已逐步形成一系列的科学思维方式，极大地促进了哲学社会科学话语体系的整体创新。

(二) 确立以"两个巩固"为标志的话语立场

习近平总书记在全国宣传思想工作会议上指出，宣传思想工作就是要巩固马克思主义在意识形态领域的指导地位，巩固全党全国人民团结奋斗的共同思想基础。"两个巩固"既是中国共产党建党以来意识形态工作经验在观念上的概括和浓缩，也是在思想政治教育范畴中对话语立场的坚定表达。第一个"巩固"是中国成为社会主义国家的实质表现。巩固马克思主义意识形态指导地位是巩固党在意识形态领域主导权和话语权的需要。党对意识形态工作领域开展的一切内容更新和方式优化，无不以马克思主义指导地位为依据和前提。第二个"巩固"是新时代人民群众共同利益和共同理想的集中体现。以党的意识形态引领社会思潮和社会意识，这是夯实全党全国人民团结进步的共同思想基础。把党的意识形态集中表现为人民群众的共同利益和共同理想，并随着时代发展和变革推进党的意识形态不断更新，从而实现二者的统一。第一个"巩固"是第二个"巩固"的根本前提和重要组成部分，第二个"巩固"是第一个"巩固"的成果和体现，"两个巩固"从内容上看是耦合的、密不可分的，它们共同构成"强起来"时代思想政治教育话语的立足点和起点。

(三) 拓展以互联网为阵地的话语作用领域

当今时代信息技术革命日新月异，信息革命正在以前所未有的方式深刻影响着各行各业，以移动互联、云计算、物联网、区块链以及人工智能等技术为代表的第二轮信息化浪潮席卷而来。互联网已经融入社会生活的方方面面，深刻改变了人们的生产和生活方式。可以说，在这个时代，谁掌握了互联网，谁就把握住了时代主动权。随着网络思想政治教育的快速发展，互联网已经成为今天思想政治教育不容忽视的重要阵地，是当前思想政治教育面临的全新机遇和挑战。能否在这一新的思想政治教育领域把握话语主动权，积极回应话语挑战，应对话语危机，在一定程度上决定着思想政治教育实效性的真正发挥。为此，思想政治教育话语要及时转换话语主体，积极拓展更新话语内容，适时调整话语表达方式，以期适应线上加线下思想政治教育的全新布局，牢牢占据话语高地，在适应中实现引领和创新。

二 中国特色社会主义新时代思想政治教育话语的影响

新时代中国特色社会主义思想是习近平总书记在党的十九大报告中提出的重要理论，是中国共产党在新时代的指导思想和行动纲领。中国特色社会主义新时代是中国共产党团结带领全国各族人民进行伟大斗争、推进伟大事业、实现伟大梦想的新时代。在这个新时代，思想政治教育承担着培养社会主义建设者和接班人的重要任务。

首先，中国特色社会主义的实践成果和经验为思想政治教育提供了丰富的教育资源，激发了人们的爱国热情和奋斗精神，培养了他们的社会责任感和公民意识。

第一，习近平新时代中国特色社会主义思想为中国的政治教育提供了新的理论基础和指导原则。它强调坚持和发展中国特色社会主义，提出了一系列重要思想和观点，如人民立场、全面建设社会主义现代化国家、五位一体总体布局、四个全面战略布局等。这些理论和原则为政治教育提供了明确的方向和目标。

第二，习近平新时代中国特色社会主义思想强调中国梦、民族复兴和人民幸福，强调中国共产党的领导和人民群众的主体地位。这为政治教育提供了强大的思想动力和精神支撑，激发了广大人民群众的爱国热情和奋斗精神。

第三，习近平新时代中国特色社会主义思想强调全面从严治党，强调党的建设和党的领导。这对于加强党员干部的政治教育、培养忠诚干净担当的党员干部具有重要意义。

其次，思想政治教育通过引导人们树立正确的世界观、人生观和价值观，增强他们对中国特色社会主义的认同感和责任感。

第一，强化中国特色社会主义意识形态的引领作用。坚持以习近平新时代中国特色社会主义思想为指导进行思想政治教育话语传播，有助于强化中国特色社会主义意识形态的引领作用。这些话语通过宣传社会主义核心价值观，引导人们树立正确的世界观、人生观和价值观，增强对中国特色社会主义的认同感和责任感，推动社会主义核心价值观在社会各个领域的传播和实践。

第二，培养社会主义建设者和接班人。坚持以习近平新时代中国特色社会主义思想为指导进行思想政治教育话语传播，有助于培养社会主义建设者和接班人。这些话语通过弘扬爱国主义精神、激发社会责任感和公民意识，引导人们积极参与社会主义现代化建设，为实现中华民族伟大复兴的中国梦贡献力量。

第三，增强国家凝聚力和社会稳定性。坚持以习近平新时代中国特色社会主义思想为指导进行思想政治教育话语传播，有助于增强国家凝聚力和社会稳定性。这些话语通过宣传中国特色社会主义事业的伟大成就，弘扬中华民族的伟大复兴精神，激发人们的爱国热情和民族自豪感，增强人们对祖国的热爱和自豪感，推动全社会形成对中国特色社会主义的共同认同，维护国家的稳定和统一。

第三章　思想政治教育话语的演进特征

第一节　新民主主义革命时期思想政治教育话语的特征及人民性体现

党的宣传鼓动最早的理论解释是张闻天的《党的宣传鼓动工作纲要》，它率先为党的思想政治教育的发展奠定了基础。他明确指出，宣传和鼓动是有区别的，宣传的目的是在理论上更深入地解释一个问题，使少数人了解问题的起因、后果、前景和发展规律，灌输各种观念；鼓动则是从一个问题中抓住群众所知道的事实，通过调动群众的积极性来传达某种思想。宣传工作是经常性的，主要是书面的；鼓动工作是临时性的，主要是口头的。但是，宣传和鼓动是相互统一的。张闻天在此认为，宣传与鼓动是不同的，虽然这种差异本身还有待探讨，但这说明思想政治教育中使用的宣传话语与鼓动话语存在明显的差异，针对此种不同，开展思想教育话语的学理探究，反映出思想政治教育的话语特点和表现方式。

一 新民主主义革命时期思想政治教育话语的特征

新民主主义革命时期是中国革命和建设的重要时期，思想政治教育在这一时期发挥了重要作用。新民主主义革命时期思想政治教育的话语特征主要体现在以下几个方面。

(一) 革命性与实践性

新民主主义革命时期的思想政治教育强调革命性和实践性，鼓励人民群众积极参与革命斗争和社会建设。宣传教育工作主要围绕着革命斗争的方针、纲领和任务展开，鼓励人民群众通过实践来认识和改造世界。

将话语的文本形式和口头形式结合起来共同发展是宣传和鼓动发挥重要作用的重要原则。宣传功能的发挥很大程度上依赖文本，所以毛泽东曾强烈反对报刊的语言乏善可陈并予以批判。文本对于宣传思想工作的影响具体表现在以下几个方面：一是文本形式的丰富与拓展是党的思想政治教育需要予以重视的一个方向。报刊、小册子、传单等文本形式的多样性就集中地说明了这点。二是意识形态必须内化于文本。在新民主主义革命时期具体的历史背景下，文本的内核是反对各种改良主义形式和抨击反对马克思主义的思潮，这充分体现了文本离不开政治，与政治要求紧密相关的特点。三是文本的内容力求大众化、通俗化，这样有利于普通民众对文本的理解，明白其想要说明的理论内涵和实践意义。四是关注用实践文本去引领，即重视树立典范，发挥榜样和先进的示范引领效应。例如：通过在军队、农村、工厂和政府机关中运用实践文本的方法，让人民受到先进和模范人物的引领、团结和鼓励，从而实现宣传和鼓动目的。

在思想政治教育话语实践中，话语宣传是激励群众最有力的工具。在井冈山期间，红四军建立了宣传团制度，组建了讲话队，主要负责话语宣传。无论红军走到哪里，都会拿红旗或标语传单向群众宣传。如到城市里，就在街上或挨家挨户地进行个别宣传，或召开群众大会进行群体宣传。话语宣传在接触低识字率人群方面起着非常重要的作用，因此它很受欢迎，具有感染性，易于传播，能引发一定程度的共鸣，而这种共鸣将成为开展革命事业的重要精神力量。1947年冬至1948年秋，中国人民解放军开展了以诉苦和三查方法为主要手段的新型军队整编运动，调动了人民军队的战斗力量，提升了群众的革命热情，大大增强了人民群众和军队的凝聚力和战斗力。

（二）教育性与启发性

新民主主义革命时期的思想政治教育注重教育性和启发性，致力于普及革命理论和知识，提高人民群众的政治觉悟和思想水平。通过广泛的宣传教育活动，向人民群众普及马克思主义的基本原理，宣传党的政策和决策，激发人民群众的革命热情和创造力。

在话语内容的维度上，帮助广大人民充分认识马克思主义这一科学的指导思想贯穿中国共产党发展过程的始终。自五四运动以来，人民群众从不同的立场和角度出发，寻求国家的发展方向，追求人民解放与民族独立的实现。这一时期涌现了各种社会思潮，其中一些思潮在党内外都产生了重要影响。这些思潮中混迹着多种错误的思想和导向，对思想政治教育的话语权提出了严峻挑战。因此，党在思想政治教育话语中的重点是批判和解构非马克思主义思想和反马克思主义思想，同时反思、批驳、拒斥和纠正共产国际的错误话语。党还不断加强对马克思主义理论的研究、深化和宣传，使之能够适应中国的情况和需求,真正与中国人民沟通交流。这个时期,许多社会思潮在马克思主义理论的驳斥下无法在中国扎根,无法解决中国所面临的实际问题。这很大程度上是因为这些思潮要么没有从中国的实际情况出发,要么没有采用正确的逻辑和适应时代的思维模式。与此同时,中国共产党不仅科学运用了马克思主义,而且以一种适合中国人民的方式来传播和表达马克思主义理论,切实改变了中国的现实困境。一方面,中国共产党传播马克思主义思想,并结合中国人民的心理特征和时代指向,促进马克思主义在中国的发展性、时代性和融合性,促进马克思主义思想在中国的不断嬗变,形成具有时代特征的现实话语体系;另一方面,党在革命斗争实践中充分运用马克思主义的观点、立场和方法,使马克思主义的精神和本质在实践中得到不断检验和发展。通过这样的实践,人民群众能够更加清楚地对马克思主义的正确性产生科学认知,并以此作为指导实践和前行的有力武器。

(三) 实事求是和实用性

新民主主义革命时期的思想政治教育话语注重实事求是和实用性,强调理论与实践相结合,注重解决实际问题。话语宣传教育工作紧密结合实际,根据人民群众的需求和实际情况,提供切实可行的解决方案和指导,旨在培养人民群众的革命精神和优良道德品质。通过话语宣传教育,强调民族独立、国家统一和民族振兴的重要性,鼓励人民群众为实现这些目标而奋斗,推动革命事业的有力发展。

在话语属性上,中国共产党所代表的是最广大人民群众的根本利益。在新民主主义革命时期,中国共产党的所有活动都以保障人民的利益最大化为出发点,人民始终被中国共产党放在最为重要的位置。

在此前提下，积极鼓励批判性思维和创新性思维，倡导对传统观念进行批判和超越。话语宣传教育工作引导人民群众对旧社会进行深入分析和批判，提倡思想观念和文化形态的创新，注重理论的指导和科学的分析。话语宣传教育工作以马克思主义为指导，运用辩证唯物主义和历史唯物主义的基本原理，分析和解决当前的思想困惑和现实问题。中国共产党的思想政治教育话语成为指导革命斗争的旗帜，从而加强了中国共产党思想政治教育话语的真实性和可信度。

二 新民主主义革命时期思想政治教育话语人民性的体现

人民性是马克思主义的鲜明特点，也是中国共产党领导下思想政治教育的显著特征。1848年，《共产党宣言》庄严宣告："过去的一切运动都是少数人的，或者为少数人谋利益的运动。无产阶级的运动是绝大多数人的，为绝大多数人谋利益的独立的运动。"[1] 中国共产党在发挥先锋引领作用方面起着重要作用，始终代表最广大人民的根本利益，任何活动都必须以人民利益为出发点和归宿。

关于人民性的理解和阐述贯穿了马克思主义中国化的整个进程。中国新民主主义革命时期的思想政治教育话语具有鲜明的人民性特征，以人民为中心，具有普及性与群众性，尊重人民主体地位，关注人民利益和民生问题。这些特征体现了中国共产党对人民群众的关怀和关注，为新中国的发展奠定了坚实的思想基础，推动了中国革命和社会的发展进步。

（一）以人民为中心

新民主主义革命时期的思想政治教育话语始终坚持以人民为中心

---

[1] 《共产党宣言》，人民出版社2014年版，第39页。

的原则，将人民群众的利益放在首位。话语宣传教育工作紧密联系人民群众的实际需求，关注人民群众的思想动态和政治意识，为人民群众提供正确的思想指导和政治引领。思想政治教育话语的目的是提高人民群众的政治觉悟和思想水平，激发人民群众的革命热情和创造力，推动革命事业的顺利发展。

（二）普及性与群众性

新民主主义革命时期的思想政治教育话语注重普及性和群众性，致力于普及革命理论和知识，提高人民群众的政治觉悟和思想水平。通过广泛的话语宣传教育活动，向人民群众普及了马克思主义的基本原理，宣传了党的政策和决策，激发了人民群众的革命热情和创造力。思想政治教育话语的内容和形式贴近人民群众的生活实际，注重以通俗易懂的方式进行话语教育，易于人民群众理解和接受。

（三）尊重人民主体地位

新民主主义革命时期的思想政治教育话语尊重人民的主体地位，倡导人民的主体性和积极性。话语宣传教育工作注重发挥人民群众的主体作用，鼓励人民群众通过实践来认识和改造世界。思想政治教育话语强调人民群众的主体地位，鼓励人民群众参与社会建设和革命斗争，发挥人民群众的智慧和力量，推动革命事业的发展。

（四）关注人民利益和民生问题

新民主主义革命时期的思想政治教育话语关注人民群众的利益和民生问题，注重解决人民群众的实际困难。话语宣传教育工作紧密联系人民群众的实际需求，关注人民群众的生活状况和社会问题，提出解决问题的思路和方法，推动革命事业的顺利进行。思想政治教育的话语目标是鼓励人民群众广泛参与和积极思考，培养人民群众的思想觉悟和能动性。

第二节 社会主义革命和建设时期思想政治教育话语的特征及人民性体现

社会主义革命和建设时期是指从中华人民共和国成立到党的十一届三中全会召开，此时党将兴国作为主要的奋斗目标，这表明思想政治教育话语的目标是推动国家的建设和发展，使人民生活更加幸福。中华人民共和国成立后，党通过土地改革、"三反""五反"等将思想政治教育融入其中，为新中国政权的巩固奠定了坚实的基础。这些运动旨在通过引导人民的思想意识，改变旧的社会关系和价值观念，确保社会主义的顺利推进。

社会主义改革和建设时期的思想政治教育话语体系是通过"废旧立新"而建立起来的，带有新中国特色。中华人民共和国成立之后，为实现民众思想统一发展，很多标志性话语应运而生。这些话语直接与人民生活相关，具有通俗明晰、穿透力强的特点。这些标志性话语强调人民的地位和作用，进一步凝聚了人民的力量，在净化社会风气、推动社会主义建设方面起到了重要作用。1957年，毛泽东在《关于正确处理人民内部矛盾的问题》的讲话中明确指出了社会主义时期思想政治教育的主要目标、主要任务、主要方针，强调通过讨论、批评和说服教育来解决人民内部矛盾，强调人民参与和平等对话的重要性，这为思想政治教育话语建设工作提供了坚实的理论基础。

一 社会主义革命和建设时期思想政治教育话语的特征

（一）呈现出过渡性特征

中华人民共和国成立初期的思想政治教育话语整体上表现出过渡性的特征。这一时期的话语体系不断演变，从非官方语言转变为官方话语，由零散化的话语转变为整体性的话语，内容上由革命教育转变为社会主义教育和爱国主义教育，范围上由部分转化为全体。这种转变的特征为各种变革性的运动提供了支持和指导。

中华人民共和国成立伊始，人民群众受到长期封建统治的影响，封建意识和小农意识仍然存在。为了改变这种思想状况，思想政治教育话语在整体上呈现出过渡性的特征。首先，思想政治教育话语逐渐从非官方话语转变为官方话语。随着新政权的建立，国家话语权被中国共产党所掌握，思想政治教育的话语地位也发生了很大变化，由非官方话语转变为官方话语。其次，思想政治教育话语由分散化转变为整体性。此时的思想政治教育话语以巩固党的领导地位和实现社会主义建设目标为核心，力求统一思想、凝聚力量、推动社会主义建设事业的发展。再次，思想政治教育话语的内容由革命教育转变为社会主义教育和爱国主义教育。最后，思想政治教育话语的范围经历了由部分向全体的转变。在土地革命时期，思想政治教育话语主要针对工农阶级和地主阶级，但随着时代的变迁，思想政治教育的对象逐渐扩大到全体中国人民。

（二）基于建设性导向

1958—1965 年，随着"一五计划"的结束，政治运动变得更加频繁和宏大。在这期间，由于犯了夸大主观能动性的错误，导致思想政治教育话语具有了"浮夸"的特点。但总体而言，这一时期的思想政治教育话语主要以"建设"为主题，虽然话语的政治化占据主导，但是富有号召力、强调典型教育、逐步摆脱苏联模式等成功经验也为之后的话语发展提供了宝贵的借鉴。[①]

1958年党的八大二次会议通过了"鼓足干劲，力争上游，多快好省地建设社会主义"的总路线。总路线言简意赅，易于理解，很快被人民群众所掌握，而思想政治教育话语也紧密围绕着总路线的精神，一直以"建设"为主题。这时的思想政治教育话语强调奋斗精神、革命意志和自我奋发的力量，激励广大干部群众为实现社会主义事业的宏伟目标而努力奋斗。

(三) 注重理论与实践结合

此时的思想政治教育话语将理论宣传和现实关注相结合，既强调指导思想的正确导向作用，也持续关注不断发展的社会现实，注重对现实问题的回应和解答，这对于中华人民共和国成立后百废待兴，亟须找准方向持续发力的社会现状具有一定的助推作用，为广大干部群众提供了思想武装和行动指南。

一方面，这一时期的思想政治教育话语注重理论指导，以马克思列宁主义、毛泽东思想为指导思想，阐述社会主义革命和建设的原则、道路和目标，旨在引导人们树立正确的世界观、人生观和价值观。另一方面，此时的思想政治教育话语关注实际问题，提出解决社会主义革命和建设中遇到的矛盾和问题的思路和方法。这些话语强调实际工作成效，总结成功经验，吸取失败教训，指导广大干部群众在实践中

---

① 参见王慧婷《思想政治教育话语的历史演变和创造性转换》，硕士学位论文，浙江大学，2019年。

解决问题、推动事业发展。

二 社会主义革命和建设时期思想政治教育话语人民性的体现

中华人民共和国的成立确定了中国共产党的执政地位，意味着中国成为一个在政治和外交上独立自主的国家。在中国人民政治协商会议第一次全体会议上，毛泽东对于中国人民的"站起来"有一个经典的表述，即"占人类总数四分之一的中国人从此站立起来了"。这充分体现了中国人民身份自信和民族独立的时代话语核心。在此期间，中国共产党带领全国各族人民迅速摆脱战争逆境，确立了社会主义制度，从此中华人民共和国的发展更具生命力。在中国人民已经实现"站起来"的时代背景和历史环境下，党面临的关键问题是将确立的中国共产党的指导思想转变和上升为国家的主流意识形态体制，系统构建思想政治教育的话语内容和具体表达方式，以确保思想政治教育的合理性。

中华人民共和国成立后，复杂的国内外形势使得思想政治教育的话语环境更加复杂。一方面，国内形势复杂。中华人民共和国成立后，我们百废待兴，社会结构错综复杂，存在诸多亟待解决的问题，比如：如何有效巩固政权，如何快速发展经济，如何解决人民生活需要，等等。另一方面，国际形势严峻恶劣。在中华人民共和国成立初期，以美国为首的西方反对势力对新生的社会主义中国虎视眈眈，满怀戒备之意。在此背景下，思想政治教育话语的主基调就是以巩固发展政权为主，始终以经济建设为中心。党和国家在发展经济、建设经济和恢复服务中，充分运用计划性、制度性、规范性话语，为改善财政经济形势指明了方向，提出了高度可行的政策方案，坚定了全国各族人民战胜困难的决心。为有效巩固国家政权，中国共产党积极宣传党的路线方针和政策，以更加灵活和生动的方式使政策深入民心，全面提高人民群众投身建设的积极性和主动性。通过实践性的和接地气的话语展现了人民群众的主体地位，展现了中华民族已经在世界中"站起来"，在精神建设中实现了"思想完全独立"。由此可见，思想政治教育话语内容和形式的创新发展，在增强群众的自我认同感和国家归属感以及促进经济建设的过程中，发挥了重要作用。

第三节 改革开放和社会主义现代化建设新时期思想政治教育话语的特征及人民性体现

一 改革开放和社会主义现代化建设新时期思想政治教育话语特征

（一）积极汲取新时期话语资源

这一时期，中国共产党以解放思想和实事求是作为指导原则，重新审视和分析前期理论和实践经验教训，将党和国家的工作重心转移到经济建设上，实行改革开放，确立了社会主义初级阶段的基本路线，提出了建设中国特色社会主义的时代任务，吹响了走自己的路的号角，为我国的发展指明了方向。思想政治教育话语积极融合改革开放时期的新话语资源，主动追求与当前思想政治教育话语发展路径相适应的内容和形式。

一方面，思想政治教育话语不再以政治化角色禁锢自身，重返理性。此时的思想政治教育话语慢慢地抛弃政治化的角色，走向科学化的话语路径。① 在文本、观念、实践等领域,话语的转换都需要时间。与文本相比,思想的转化需要长期的打磨和沉淀,尤其是思维语言、观念语言和实践语言。另一方面,思想政治教育话语积极吸收改革开放时期产生的新的话语资源。改革开放以来,为了适应时代发展的需要,出现了许多新的话语理念、话语内容和话语形式,为思想政治教育话语提供了新的资源。传统的斗争话语逐渐被一系列新的话语所取代,我们必须有勇气突破。这些新话语的出现,使思想政治教育话语回归正确的发展道路。由此可见,在改革开放时期,思想政治教育话语的发展出现重大转变,始终围绕着适应改革发展实际需要的任务展开。

(二) 内涵性拓展

思想政治教育者话语的内涵性拓展,表现为网络语言的发展。社会结构变化中形成的话语、虚拟现实活动中形成的话语,贯穿人们日常生活,并成为社会生活的重要组成部分。随着电子信息技术的快速发展,网络语言以合法和合理的方式进入思想政治教育话语体系。以网络的特质和作用为基础,网络思想政治教育是指利用网络促使网民进行双向互动的虚拟实践活动,培育适应时代和社会发展的道德品质和网络素养。网络思想政治教育以其特有的数字化、信息化、智能化等全新的方式助力思想政治教育的话语发展,以其极富时代特征的样态为思想政治教育话语发展创新开辟了全新的领域。

党的十七大报告中指出,改革开放以来取得一切成就和进步的根本原因是开辟了中国特色社会主义道路,并形成了中国特色社会主义

---

① 参见邱仁富《改革开放三十年思想政治教育话语理论发展探微》,《求实》2008年第11期。

理论体系。这一中国特色社会主义理论体系包含了思想政治教育话语、政治话语、党建话语、文化话语等多个学科领域的话语。这些话语是党在推动国家建设中形成的新的表达方式,思想政治教育话语的发展需要不断吸收和涵养具有中国特色的话语结构。

社会结构的变化和发展为思想政治话语发展提供了重要条件。改革开放和社会主义建设新时期,思想政治教育更加贴近人民生活,因此,思想政治教育话语需要以人民的生活为主要对象,才能产生具有生活气息、满足人民需求的话语。社会结构的转型变化对人们的思维模式、评判标准都产生了巨大影响,特别是各种差异化、变动性的价值观念,彰显了个体的独特价值观,这些价值观之间难免会产生冲突,使得思想政治教育话语的发展必须面对社会变迁所产生的话语挑战。只有辩证地看待,在批判的基础上继承其中合理的话语,同时再加以整合以提升话语境界,使之适应社会发展和人民的现实要求,思想政治教育话语的作用力、影响力和穿透力才能得到有效地提高。

(三) 呈现建构性

这一时期的思想政治教育话语在丰富与建构思想政治教育,引领人们树立正确的世界观、人生观和价值观中起着举足轻重的作用。作为人际交往的主要方式,语言的存在无疑是人类存在的证明,因此话语具有非常强的建构性。福柯在《知识考古学》中也提出著名的话语建构知识的话语观,认为语言与知识的关系是前者产生后者。这个表述意味着话语在构建过程中起着重要的作用,在参与思想政治教育内容的构建过程中,具有渗透性、嬗变性。语言不仅能够表达人与人之间的各种关系,而且也能用以传递思想政治教育的内容,传递的过程也就是建构的过程。正因如此，人与话语之间存在着相互创造的关系，而话语具有建构和丰富思想政治教育内涵的能力，其构建性和重塑性在思想政治教育中扮演着至关重要的角色，成为思想政治教育不可或缺的组成部分。

（四）向科学性和价值型话语迈进

党的十一届三中全会之后，中国共产党不断总结历史中的经验教训，及时纠正错误，重新确立了实事求是的思想路线。思想政治教育稳步发展，逐渐重塑和发展了正确的思想政治话语。首先，思想政治教育话语将解决群众思想问题作为出发点，缓解思想战线上各种复杂的社会心理问题，把拨乱反正作为一项重要的战略任务。其次，思想政治教育话语把社会主义现代化建设作为发展目标和导向，围绕党和国家工作重心的转移和社会主义现代化建设面临的新情况和新思想，在社会主义现代化建设中不断完善党的政治思想路线。最后，思想政治教育话语以广大人民群众的精神家园建设为中心，构筑崭新的社会主义精神文明大厦。改革开放后，党和国家高度重视广大社会成员的精神家园建设，将实践性内容充分运用到话语中，为思想政治教育话语建设和社会成员价值观建设提供具体的、实践性的思想指导。

（五）呈现实然性、时代性和灵活性

社会公民道德建设得到国家高度重视，这充分体现了思想政治教育话语得到发展、公民道德层次上升是社会主义初级阶段发展的必然和实然。在严谨的逻辑理路的指导下，思想政治教育话语的内容向度更加精准和灵活。针对学校师生群体，成立了思想政治教育学科，推动思想政治教育向专业化、学科化过渡。此外，思想政治教育话语形式多样，既促使社会成员自我教育，也使思想政治教育话语更贴近生活实践。

二 改革开放和社会主义现代化建设新时期思想政治教育话语人民性的体现

纵观改革开放和社会主义现代化建设新时期，思想政治教育话语人民性的历史嬗变和逻辑理路清晰而又显著，具体表现在以下方面。

第一，人民立场是中国共产党的根本政治立场，人民性是马克思主义的本质属性，是马克思主义者从政治上看问题的出发点。从人民立场出发，从"三个有利于"标准到"三个代表"再到以人为本，都是基于历史唯物主义基本原理而形成的。

第二，坚持以人民为中心的发展思想，能够正确认识和把握改革开放和社会主义现代化建设新时期的政治逻辑起点和社会主要矛盾。坚持人民性的思想政治工作理念，就是要了解人民所想所盼，不断实现美好愿望，落实立德树人的根本任务。

第三，坚持人民性，是思想政治工作的活力源泉和动力根基。人民性的问题，归根结底是"我是谁""为了谁""依靠谁"的问题。思想政治教育坚持人民性，就是要充分发挥"一切为了群众、一切依靠群众"的工作力量，坚持运用"从群众中来，到群众中去"的工作方法。

综上所述，人民性是马克思主义最鲜明的品格，标志了马克思主义的价值底色。马克思主义的人民性以价值性和实践性为内核，以开放性和时代性为保证，在改革开放和社会主义现代化建设新时期，思想政治教育话语的不断发展，都彰显着人民性的鲜明特征。

第四节　中国特色社会主义新时代思想政治教育话语的特征及人民性体现

一　中国特色社会主义新时代思想政治教育话语的特征

（一）治理导向

中国特色社会主义道路的成功实践为中国人民树立了信心和底气，使他们对中国的发展前景充满自信。中国特色社会主义的自信不仅体现在经济、科技、军事等方面的成就上，还体现在国家治理体系和治理能力现代化的进步上。思想政治教育话语以党的路线、方针、政策为指导，坚持党的领导，贯彻党的思想政治教育方针，推动党的路线方针政策的贯彻落实，表现出鲜明的治理导向。治国理政中，结合特有的历史和国情，通过话语的运用，宣传党的理论、路线、方针、政策，增强人们对党的领导的认同，引导人们按照党的要求行动，促进社会稳定和发展。同时，帮助人们运用科学的思维方式和工作方法，培养批判性思维和创新能力，不断提出新思想和新观点，并在此基础上引导人们将理论与实践相结合，将学习与实践相结合，推动思想政治教育从理论到实践的转化，培养人们的实践能力和创新精神，不断丰富思想政治教育的学理研究和治理导向，推动社会发展和进步。

（二）话语自信

新时代的中国话语自信是指在当代中国，中国人民对于自身文化、价值观念和发展道路的自信心态。它是在中国特色社会主义进入新时代的背景下形成的，是中国人民在实现中华民族伟大复兴的过程中培育和强化的重要品质。

1. 新时代的中国话语自信源于中国特色社会主义的成功实践

自改革开放以来，中国经济快速发展，国家实力不断增强，人民生活水平显著提高，这一系列成就为中国人民树立了自信心。中国特色社会主义道路、理论、制度、文化等方面的成功实践，为中国人民提供了坚实的信心和底气，使他们对中国的发展前景充满信心。

2. 新时代的中国话语自信体现为对中国文化的自信

中国拥有悠久的历史和灿烂的文化传统，是世界上最古老的文明之一。中国文化以其深厚的底蕴和丰富的内涵，为中国人民提供了独特的文化自信。中国人民相信，中国文化是世界文化宝库中的瑰宝，有着独特的魅力和影响力。在全球化的背景下，中国人民更加重视传统文化的传承和发展，弘扬中华优秀传统文化，增强了对自身文化的自信心态。

3. 新时代的中国话语自信体现为中国的全球影响力不断提升

中国作为世界上最大的发展中国家，积极参与全球事务，为促进世界和平与发展做出了重要贡献。中国坚持和平发展、互利共赢的外交政策，推动构建人类命运共同体，为世界提供了中国智慧和中国方案。中国的全球影响力不断提升，使中国人民对自身所代表的国家和民族充满自信。中国人民相信，中国作为一个大国，有责任和义务为世界和平与发展做出更多贡献，中国的声音和话语在国际舞台上越来越受到重视和认同。

(三) 顶层设计

随着社会发展和时代进步，思想政治教育话语也开始高质量发展，并形成了具有宏观顶层设计的体系。思想政治教育话语体系的顶层设计是为了实现特定的教育目标和效果，确保思想政治教育能够科学、系统地开展。这一设计涉及理论基础、教育目标、教育内容、教育方法、教育评价等方面的要素。通过科学的顶层设计，可以提高思想政治教育的实效性和针对性，以确保思想政治教育能够科学、系统地开展，达到预期的教育效果。

1. 理论基础的顶层设计

思想政治教育话语体系的顶层设计需要建立在科学的理论基础之上。首先，马克思主义理论是思想政治教育的重要理论基础。马克思主义理论为思想政治教育提供了指导原则和方法论，使教育内容和方法具有科学性和系统性。其次，中国特色社会主义理论体系是思想政治教育的重要理论基础。这些理论为思想政治教育提供了理论支撑和价值引领，使教育内容和方法具有时代性和针对性。

2. 教育目标的顶层设计

思想政治教育话语体系的顶层设计要明确教育目标。首先，培养社会主义核心价值观是思想政治教育的根本目标。社会主义核心价值观包括富强、民主、文明、和谐、自由、平等、公正、法治、爱国、敬业、诚信、友善。通过思想政治教育，引导学生树立正确的世界观、人生观、价值观，培养积极向上、有责任心、有担当的社会主义新人。其次，提高学生的思想政治素养是思想政治教育的重要目标。思想政治素养是指学生对马克思主义理论、中国特色社会主义理论体系、党的路线方针政策、法律法规等方面知识的掌握程度，以及对社会主义核心价值观的理解和实践能力。通过思想政治教育，培养学生的思想政治觉悟、思想政治能力和思想政治品质，使其能够适应社会主义现代化建设和国家治理体系的要求。

3. 教育内容的顶层设计

思想政治教育话语体系的顶层设计要明确教育内容。首先，要加强对马克思主义理论的教育。马克思主义理论是思想政治教育的重要内容，包括马克思主义哲学、政治经济学、科学社会主义等方面的知识。通过对马克思主义理论的教育，使学生深入了解马克思主义的基本原理和方法论，增强对马克思主义的信仰和理解。其次，要加强对中国特色社会主义理论体系的教育。中国特色社会主义理论体系是思想政治教育的重要内容，包括中国特色社会主义理论、中国梦、中国道路、中国精神等方面的知识。通过对中国特色社会主义理论体系的教育，使学生深入了解中国特色社会主义的基本原理和实践路径，增强对中国特色社会主义的认同和拥护。此外，还要加强对党的路线、方针、政策、法律法规等方面的教育，使学生了解党的路线、方针、政策的重要性和正确性，遵守法律法规，增强法治意识。

4. 教育方法的顶层设计

思想政治教育话语体系的顶层设计要明确教育方法。首先，要注重启发式教育。启发式教育是一种以学生为主体，通过启发学生思考，使学生发现问题、解决问题的教育方法。在思想政治教育中，教师要引导学生主动思考，激发学生的创造力和批判思维能力，培养学生的独立思考和问题解决能力。其次，要注重案例教育方法。案例教育是一种通过具体案例来引导学生学习和思考的教育方法。在思想政治教育中，教师可以选取一些具有代表性的案例，让学生通过分析和讨论案例，了解社会现象和问题，培养学生的判断力和分析能力。此外，还可以运用讲授、讨论、实践活动等多种教育方法，使学生全面、系统地掌握思想政治教育的知识和技能。

5. 教育评价的顶层设计

思想政治教育话语体系的顶层设计要明确教育评价的标准和方法。

首先，要建立科学的评价体系。科学的评价体系是指根据教育目标和教育内容，制定科学、客观、全面的评价标准和方法，对学生的思想政治观念、道德品质、价值追求等方面进行评价。其次，要注重综合评价。综合评价是指综合考虑学生的学业水平、思想政治素养、实践能力等，形成全面、准确的评价结论。此外，还要注重过程评价和结果评价的结合，既关注学生的学习过程和方法，又关注学生的学习成果和实践效果。

二 中国特色社会主义新时代思想政治教育话语人民性的体现

马克思、恩格斯认为，为人民群众求利益的运动，莫过于无产阶级运动。党的十八大以来，习近平总书记全方位给予人民性内涵以新的内容，提出"以人民为中心"的发展思想，并将其贯穿于政党治理、国家治理的全过程和各方面。中国共产党始终将全心全意为人民服务作为根本宗旨，而思想政治教育的最终目的也是为人民服务，不断提升人民的精神层次，建设幸福家园，提升人民群众的幸福感和满足感，时刻体现人民情怀。

（一）关注人民的实际需求和利益

新时代思想政治教育话语的人民性体现在关注人民的实际需求和利益上。在教育过程中，紧密结合人民的生活实际，关注人民的物质和精神需求。思想政治教育工作者通过深入了解人民的生活状况、关注人民的关切，基于教育内容和方式的调整和转变，让人民感受到思想政治教育对他们实际生活的关怀和帮助。例如，在教育中强调社会公平、公正，关注贫困人群的权益保障，提高人民的获得感和幸福感。

(二) 尊重人民的主体地位和主体能动性

新时代思想政治教育话语的人民性体现在尊重人民的主体地位和主体能动性上。思想政治教育话语重视人民的主体地位，尊重人民的主体意识和主体能动性。思想政治教育者通过引导人民自觉地参与社会主义建设和改革发展，激发人民的创造力和积极性，让人民成为社会主义事业的参与者和推动者。例如，在教育中强调人民的主体作用，鼓励人民积极参与社会公益事业，推动社会进步和发展。

(三) 关注人民的情感需求和文化认同

新时代思想政治教育话语的人民性体现在关注人民的情感需求和文化认同上。思想政治教育话语关注人民的情感需求，培养人民的爱国情感和民族认同感。思想政治教育工作者应通过创新各种话语宣传载体和途径，让人民感受到自己作为中华民族一员的自豪感和荣誉感，激发人民对国家和民族的热爱和忠诚。例如，在教育中强调中华文化的传承和发展，培养人民对中华文化的自信和自豪感。

(四) 关注人民的发展需求和人格尊严

新时代思想政治教育话语的人民性体现在关注人民的发展需求和人格尊严上。思想政治教育话语关注人民的全面发展，尊重人民的人格尊严和个体差异。思想政治教育工作者应通过各种教育模式的综合运用，促进人民的自我实现和人格完善，让人民在社会主义现代化建设中获得尊严和幸福。例如，在教育中强调人民的自由、平等、公正的权利，倡导人民的个性发展和多元化需求。

(五) 提升人民的思想意识和道德水平

新时代思想政治教育话语的人民性体现在提升人民的思想意识和道德水平上。思想政治教育通过引导人民树立正确的世界观、人生观和价值观，提升人民的思想境界和道德修养，培养人民的社会责任感、公民意识和法治观念，促进人民的全面发展和社会和谐。例如，在教育中强调对社会公德、职业道德和家庭美德的培养，引导人民形成积极向上的行为习惯和道德品质。

总之，新时代思想政治教育话语的人民性体现在关注人民的实际需求和利益、尊重人民的主体地位和主体能动性、关注人民的情感需求和文化认同、关注人民的发展需求和人格尊严、提升人民的思想意识和道德水平等多个方面。通过这些体现，思想政治教育话语可以更好地引导人民的思想意识和行为方式，推动社会主义事业的发展，实现中华民族的伟大复兴。

第四章　思想政治教育话语演进的嬗变规律

第一节　从自在到自觉的主体转型

马克思主义的理论与实践，以及在它的指引下所成立的无产阶级政党，其宗旨都是实现全人类的解放。无产阶级从诞生之初，就是一个自在的阶级，它需要完成思想觉悟的转变，并以社会实践演变和时代发展的要求为依据，对自身的阶级地位和阶级使命进行持续调整，这样才能对自身的阶级地位和阶级使命有一个客观的认识，从而体现出阶级先进性，最终达到无产阶级的奋斗目标。

一　思想政治教育话语的科学性表达

中国共产党从成立之日起，就一直将思想政治工作摆在第一位，并一直注重构建自己的思想政治教育话语系统。思想政治教育话语是以马克思主义作为理论基础的，从理论视角和话语建构对话语自身的依赖性来看，马克思的理论话语通过与中国实际的有机融合，使其表达方式实现了中国化和时代化，并且吸收了中国数千年悠久历史积淀的文化养分，从而形成了特有的话语表达方式，形成了中国特有的话语内涵。从某种意义上说，思想政治教育话语体系的构建，就是中国共产党把马克思主义理论和中国实际相结合的一个过程，体现出鲜明的科学性。

纵观中国共产党的思想政治教育发展史，它遵循着党自身建设不断强化的发展道路，中国共产党之所以成为中国革命和建设的领导核心，并带领各族人民为实现中国梦而共同奋斗，归根结底，就是因为中国共产党始终坚持用马克思主义的科学理论来武装自己。习近平总书记深刻指出："马克思主义是我们立党立国、兴党兴国的根本指导思想。实践告诉我们，中国共产党为什么能，中国特色社会主义为什么好，归根到底是马克思主义行，是中国化时代化的马克思主义行。拥有马克思主义科学理论指导是我们党坚定信仰信念、把握历史主动的根本所在。"[1] 这一论述表明，只有坚持马克思主义科学真理在思想领域的指导地位，才能从根本上确保中国共产党的自身建设和所领导的各项事业朝正确的方向不断前进，顺利发展。

中国共产党是一个马克思主义的政党，其意识形态的话语呈现出明显的阶级性、人民性。中国共产党坚持马克思主义在思想领域的话语权，就是要坚持马克思主义在思想政治教育中的主导地位，要把马克思主义理论话语的方法论构建在历史唯物主义和辩证唯物主义的基础上，要始终坚守马克思主义理论话语的党性原则。思想政治教育话语体系的建立，是在中国革命、建设与发展的实践基础上所进行的话语选择、话语判断、话语建构、话语创新等，有着深刻的实践基础与

---

[1] 习近平：《高举中国特色社会主义伟大旗帜 为全面建设社会主义现代化国家而团结奋斗——在中国共产党第二十次全国代表大会上的报告（2022年10月16日）》，人民出版社2022年版。

现实根源。加强思想政治教育话语体系建设，就是要以马克思主义为指导，引导人民树立正确的世界观、人生观、价值观，引导党员干部树立正确的权力观、政绩观、人民观、发展观、事业观，坚持马克思主义先进政党的本质和宗旨。

马克思主义的科学性主要表现为它是一个不断发展的、开放的意识形态体系，所以，坚持马克思主义，就要坚持马克思主义中国化的理论成果，也就是坚持毛泽东思想、邓小平理论、"三个代表"重要思想、科学发展观、习近平新时代中国特色社会主义思想，这是党和人民事业发展的现实要求，也是确保党的思想政治教育话语效力的重要依据。遵循思想政治教育促进社会发展的根本规律，我们党始终坚持用马克思主义的基本理论、观点和方法来指导中国的具体实践，也就是坚持用马克思主义中国化的理论创新成果为思想政治教育话语发展提供理论支持，用当代中国马克思主义武装党员干部群众，推动社会主义事业的发展。不以新的思想、观点去继承与发展马克思主义，不是真正的马克思主义者。邓小平以鲜明的世界眼光，开辟了马克思主义中国化的新境界。中国特色社会主义理论体系的不断丰富与发展，是中国共产党对马克思主义的坚持与发展的最佳体现。总而言之，只有在科学的意识形态指导下，才能确保思想政治教育话语建设的正确方向，才能奠定中国共产党思想政治教育话语发展的思想理论基础。

二 思想政治教育话语的时代性演进

思想政治教育的内容并不是一定之规，而是要紧紧跟随时代的发展和社会的进步，要坚决地摒弃那些保守的、落后的思想观念，其言说的内容更要与时代同步。思想政治教育的话语传播不能脱离中国实际，不能脱离党和人民的实际，也就是说，要坚持从马克思主义中国化、时代化、大众化的实践中，以现实为基础，以问题为导向，不断提升思想政治教育话语的时代性，不断提升思想政治教育话语的传播效力。

思想政治教育话语体系反映一个时代的特点，它是一个时代的经济社会发展方式、时代精神和文化传统的表现，它是一个时代历史情境中所包含的时代印记，它表现出了那个时代的人们所接受的文化教育体系、社会流行思潮和人们的思维方式。坚持现实导向，就是坚持以社会发展和人的发展为依据，对思想政治教育话语的内容结构进行持续调整，这样才能够真正地将思想政治教育的功能有效发挥出来。作为一种科学化、系统化的理论体系，思想政治教育的内涵既要体现时代性，又要彰显前瞻性，引导时代发展。思想政治教育话语不仅是对"时代话语"的精练和概括，而且是对"时代话语"的继承、借鉴和创新。这是一种时代的声音，也是一种加强自我反思，顺应时代潮流的精神表现，是中国共产党在对国情、世情的总结中，对党的内在发展、社会发展以及人民需要进行深刻反思基础上的一种党性表达。

思想武装必须以理论创新为先决条件，因此，要敢于对落后的思想观念进行突破，要勇于进行创新。在全球化和信息化的背景下，党的思想理论建设遇到了许多新的挑战，因此，必须以理论创新为基础，以改进党的宣传思想工作方式方法为手段，以确保马克思主义意识形态的主导地位，为构建党的思想政治教育话语权打下坚实的思想理论基础。在进行理论发展和创新的时候，要始终从无产阶级和广大人民群众的根本意志和利益要求入手，并与无产阶级政党的理论发展和实践创新的需求相结合，来构建马克思主义思想理论话语体系。思想政治教育文本话语要始终与其他学科话语保持融合，在与其他学科互相融通、互相学习的过程中，不断地提高自己，并博采众长，实现自身的全方位发展。中国共产党的思想政治教育话语系统，通过将理论发展与实践创新有机结合，达到了最及时、最广泛、最有效的社会动员效果，使其成为促进民族发展的"引擎"。

第二节　与民众利益要求相结合的客体需要

思想政治教育话语的转化是适应主要矛盾变化需要的一种体现。在从"站起来"到"富起来"再到"强起来"的历史进程中，我国社会主要矛盾发生了深刻的变化。1954—1956年，社会主义基本制度确立之后，社会主要矛盾"已经是人民对于经济文化迅速发展的需要同当前经济文化不能满足人民需要的状况之间的矛盾"；通过改革开放的纵深发展，社会主要矛盾"已经转化为人民日益增长的美好生活需要和不平衡不充分的发展之间的矛盾"。人民群众客观需要的历史性变化，要求思想政治教育话语的表达注重与民众利益要求相结合，从改革、发展、稳定的契合中满足人民群众不断升级的需要。

纵观中国共产党发展的百年历程，自建党以来就一直把思想政治工作放在第一位，一直重视自身的思想政治教育话语体系建设。党的思想政治教育话语建构过程就是积极顺应时代发展要求和充分满足人民需求的过程。中华人民共和国成立以来，基于新的历史条件，思想政治教育话语的发展可以看作"摸着石头过河"，一边探索，一边前进和发展。恰当的思想政治教育话语表达是达成思想政治教育效果的手段，纵观中国进行革命、建设、改革和发展的进程，思想政治教育话语发展一直坚持群众路线，充分彰显人民群众的主体地位。

一 以人民为中心的话语立场

思想政治教育话语根本上是人民大众的话语，思想政治教育话语的发展应始终以人民群众为主体。纵观党的百年发展历程，在中国革命、建设、改革与发展的不同历史时期，党的思想政治教育话语发展始终秉持以人民为中心的立场，坚持为人民说话、说人民的话、按人民的方式说话，致力于关注和代表最广大人民群众的根本利益。以人民为中心是思想政治教育话语体系的最根本立场，这一立场贯穿于整个话语体系的演进历程。因而，生成和构建人民性思想政治教育话语体系的过程，就是鉴于不同历史时期的实践需求，对马克思主义的人民立场进行阐明与解释的过程，由此视角切入，才能把握思想政治教育话语演进的基本脉络与内在规律。人民性的思想政治教育话语表达既是马克思主义人民性的具体体现，更符合实现人民性话语传达和实践有机融合的现实需要。

（一）以人民为中心是思想政治教育话语的出发点和落脚点

思想政治教育的目的是培养和引导人们正确的政治观念和价值观念，而人民中心正是这些观念的源泉。人民中心关注人民的利益和福祉，强调人民的主体地位和权益，强调人民的参与和满意。只有从人民情怀出发，才能真正实现思想政治教育的目标，让人们在思想上真正认同和追求人民的利益和福祉。

（二）以人民为中心是思想政治教育话语的内在要求和价值追求

思想政治教育的内在要求是坚持以人为本，关注人的全面发展和幸福感。而人民中心正体现了这种要求，它关注人民的需求和利益，关心人民的生活和发展。思想政治教育的价值追求是引导人们树立正确的政治观念和价值观念，使人们具备正确的社会责任感和道德观念。而人民中心正是这种价值追求的具体体现，它使人们关心他人、关爱社会，具备社会责任感和道德观念。

(三) 以人民为中心是思想政治教育的实践路径和方法手段

思想政治教育需要通过具体的实践活动和方法手段来实现，而彰显人民情怀是其中重要的一种方式。通过引导人们关注人民的需求和利益，关心人民的生活和发展，让人们真正体验到人民的苦难和忧虑，从而增强对人民的认同和关怀。这种实践路径和方法手段可以通过社会实践活动、志愿服务、调研访谈等方式来实现，让人们亲身感受到人民中心的重要性和意义。

(四) 以人民为中心是思想政治教育的社会效果和价值评判

思想政治教育的最终目标是培养和引导人们正确的政治思想、道德观念和价值观念，使人们成为社会主义事业的参与者和推动者。而彰显人民中心正是实现这种目标的重要手段和途径。只有当人们真正具备了人民情怀，关心人民的需求和利益，关注人民的生活和发展，才能真正成为社会主义事业的参与者和推动者。因此，以人民为中心是思想政治教育的社会效果和价值评判的重要标准。

中国共产党执政的根本力量在于人民群众，人民群众"是我们强党兴国的根本所在"[①]。因此，以人民为中心是思想政治教育话语嬗变的一个重要规律，它体现了思想政治教育的出发点和落脚点，内在要求和价值追求，实践路径和方法手段，以及社会效果和价值评判。毛泽东同志指出："共产党人的一切言论行动，必须以合乎最广大人民群

---

① 《习近平谈治国理政》第3卷，外文出版社2020年版，第137页。

众的最大利益,为最广大人民群众所拥护为最高标准。"① 只有通过彰显人民情怀,才能真正实现思想政治教育的目标。

二 实事求是、与时俱进的话语内容

思想政治教育话语体系发展的最终目标是实现人的全面发展。只有在思想政治教育话语的目标与特定历史时期人民大众需要满足内在一致的前提下,话语才能实现有效传达,并产生预期效果。在我们党带领人民进行革命、建设、改革与发展的进程中,思想政治教育话语的目标紧密围绕党在各个历史时期所承担的核心使命而确立,围绕实现人民群众根本利益而展开。在进行思想政治教育时,必须以实际情况为依据,确保话语的真实性和准确性。思想政治教育是一门实践性很强的学科,在新时代必须坚持以人民为中心的价值导向,这就要求思想政治教育话语遵循客观实际进行科学论证,从而保证其科学性。首先,思想政治教育话语应当以科学为基础,尊重客观规律。历史的经验使我们认识到,脱离社会现实的话语内容必然会被社会所淘汰,因此,我们需要根据实践发展的话语环境,不断推进思想政治教育话语发展。其次,人民性思想政治教育话语的科学化发展是通过持续优化话语体系和创新理论来实现的。最后,思想政治教育的本质要求也决定了它必然追求思想政治教育话语的科学化。由于思想政治教育具有科学性和时代性,因此必须紧跟时代的发展和技术的进步,不断增加新的话语内容,采用新的表达方式和传播媒介,以实现思想政治教育话语表达的实效性。

实践证明,实事求是是马克思主义的根本原则,是中国共产党思

---

① 《毛泽东选集》第3卷,人民出版社1991年版,第1096页。

想政治教育话语体系建设的根本原则，同时也是思想政治教育话语实践的基石。毛泽东思想的精髓在于实事求是，他在领导党的思想政治教育工作过程中，特别强调了实事求是的重要性，并在《反对本本主义》《实践论》《矛盾论》《〈农村调查〉的序言和跋》《改造我们的学习》以及《人的正确思想是从哪里来的?》等文章中强调了这一点；邓小平秉持着实事求是的精神，勇敢地打破了束缚，对"两个凡是"进行了批判，领导了一场关于真理标准问题的广泛讨论，并多次强调在改革开放中必须解放思想、实事求是；2002年江泽民同志在中央党校"5·31"讲话中指出，要保持党的先进性与创造力，必须坚持解放思想、实事求是的思想路线；2004年胡锦涛同志在中纪委第三次全体会议上强调，要大力弘扬求真务实精神，大兴求真务实之风；2018年习近平总书记在庆祝改革开放40周年大会上对改革开放取得的成就给予了高度肯定，并指出40年来一直坚持解放思想、实事求是、与时俱进和求真务实。习近平总书记多次强调"空谈误国、实干兴邦""抓铁有痕、踏石留印""社会主义是干出来的，幸福是奋斗出来的""一分部署，九分落实"等。这些重要论述为新时期加强和改进思想政治工作指明了方向，提供了根本遵循。只有在始终坚守解放思想、实事求是、与时俱进、求真务实的原则下，我们才能更好地推进思想政治教育话语的不断前进。

思想政治教育话语主要包括意识形态话语、社会心理话语、文化知识话语三个方面的具体内容。在不同的历史时期，思想政治教育话语的内容选择必须与时俱进，因为恰当的话语内容可以促进话语目标的实现。在革命、建设、改革的不同历史阶段，思想政治教育话语体系的共性在于凸显广大人民群众的立场，而不同时期的话语目标则紧密围绕不同历史时期党的各项中心任务，因此思想政治教育话语内容的选择应立足时代发展演进的现实。总的来说，思想政治教育话语的演进历程中所积累的基本经验，为思想政治教育话语的进一步发展提供了有益的启示。

思想政治教育话语内容与各时期形势发展的需要协调一致，是确保思想政治教育话语达到效果的重要保障。自党的十八大以来，随着对中国发展所处新时代的准确把握，出现了许多新的主流意识形态话语，形成了一系列科学的思维方式，包括战略思维、历史思维、辩证思维、创新思维和底线思维等，这些思维方式运用科学的方法去观察、思考和分析问题，从而推动了思想政治教育以及整个哲学社会科学话语体系的创新。党的十九大报告中明确阐述，要"建设具有强大凝聚力和引领力的社会主义意识形态，使全体人民在理想信念、价值理念、道德观念上紧紧团结在一起"[1]。这需要我们对当前思想政治教育话语进行重新审视和思考，不断探索思想政治教育话语的内涵和外延。

时代是我们理论话语的永恒背景。思想政治教育的实践性特点，决定它必须与现实社会生活紧密结合起来，并随着实践活动的变化而变革自己的表达方式，以适应新形势、新任务对其提出的新要求。历史长河中，战争时期所需之言为革命之语，而建设时期所需之言则为建设之语，此乃思想政治教育时代性之显现。当前，在新的时代背景下，思想政治教育的传播载体发生了巨大转变，这给思想政治教育带来了机遇与挑战。为了推动思想政治教育的发展，我们需要在理论上进行创新，同时将当下流行元素融入话语内容，以提升其吸引力和影

---

[1] 习近平:《决胜全面建成小康社会 夺取新时代中国特色社会主义伟大胜利——在中国共产党第十九次全国代表大会上的报告》，人民出版社2017年版，第41页。

响力，为传统思想政治教育话语注入新的生命力，使其在新时代焕发出新的生机与活力，从而提升思想政治教育的说服力和感召力。只有在不断适应时代发展的过程中，思想政治教育的话语内容才能不断实现自身的转型，从而更好地成为教育者和受教育者之间沟通的桥梁，形成具有鲜明中国特色和时代内涵的人民性思想政治教育话语。

第三节 与时代同行的环体创设

创设与时代发展同行的思想政治教育话语环境是一个重要的任务，它能够促使人们正确理解、评估和回应时代问题，进而化解矛盾，凝心聚力，助推中国特色社会主义现代化建设与发展。

一 多极化背景下话语格局的变化

习近平在全国宣传思想工作会议上发表的重要讲话中指出："要推进国际传播能力建设，讲好中国故事、传播好中国声音，向世界展现真实、立体、全面的中国，提高国家文化软实力和中华文化影响力。"面临新的时空境遇，思想政治教育话语发展要具有国际视野和开放眼光，承担"向世界说明中国"的历史使命。思想政治教育话语要善于利用国际社会能够接受的话语方式，讲好中国故事，回应国际社会的关切，从而提升国际话语权。[①]

在世界多极化条件下，思想政治教育话语格局发生了整体变化。多极化条件意味着世界上存在着多个具有重要影响力的国家和地

---

① 参见吴琼《思想政治教育话语发展研究》，中国社会科学出版社2017年版，第244—245页。

区，它们在政治、经济、文化等方面都具有一定的实力和话语权。这种多极化的格局对思想政治教育产生了深远影响，表现在以下几个方面。

首先，在多极化条件下，思想政治教育话语格局更加多元化。过去，由少数国家或意识形态主导的思想政治教育话语，往往存在着一种单一的思想政治教育模式，缺乏多元性。然而，随着世界多极化的发展，各国之间的力量对比更加平衡，没有一个国家或一种意识形态能够主导全球。因此，思想政治教育话语格局呈现出更加多元化的特点。不同国家和地区在思想政治教育方面都开始注重本土特色的发展，强调适应本国国情和文化传统的教育内容和方法。例如，中国在思想政治教育中注重传承和发展本土文化，强调培养社会主义核心价值观，而西方国家则注重个人自由和人权等价值观的培养。这种多元化的思想政治教育话语格局，有利于各国之间的相互借鉴和交流。

其次，在多极化条件下，思想政治教育话语格局更具对话性。在过去，由少数国家或意识形态主导的思想政治教育话语，往往存在着一种单向传递的特点，缺乏对话和交流。然而，在世界多极化的格局下，各国之间的相互影响和交流更加频繁和紧密，不同国家和地区之间的思想政治教育话语也更加注重对话性。例如，各国政府和教育机构之间的交流合作日益增多，通过举办国际研讨会、交流访问等方式，加强了思想政治教育话语的对话性。此外，随着信息技术的发展，互联网和社交媒体等新媒体平台也为各国之间的思想政治教育对话提供了便利和机遇。人们可以通过这些平台分享经验、交流观点，增强思想政治教育话语的对话性。

再次，在多极化条件下，思想政治教育话语格局更加平衡。在过去，由少数国家或意识形态主导的思想政治教育话语，往往存在着一种单一的思想政治教育模式，缺乏平衡。然而，在随着世界多极化的格局下，各国之间的力量对比更加平衡，没有一个国家或一种意识形态能够主导全球。因此，思想政治教育话语格局呈现出更加平衡的特点。各国在思想政治教育方面都开始注重平衡，既注重传承和发展本国传统文化，又借鉴其他国家和地区的经验和理念。例如，中国在思想政治教育中注重对传统文化的弘扬，同时也吸收了西方国家的一些先进理念和方法。这种平衡性的思想政治教育话语格局，有利于各国之间的相互借鉴和交流，推动全球思想政治教育的共同进步。

最后，在多极化条件下，思想政治教育话语格局更加开放。在过去，由少数国家或意识形态主导的思想政治教育话语，往往存在着一种封闭的特点，不太容易接受其他国家和地区的观点和理念。然而，随着世界多极化的发展，各国之间的交流和交往更加频繁，思想政治教育话语格局也更加开放。《中共中央关于制定国民经济和社会发展第十四个五年规划和二〇三五年远景目标的建议》已经明确提出，要"创新推进国际传播，加强对外文化交流和多层次文明对话""要做好宣传特别是外宣工作，树立和平发展的负责任大国形象，最广泛地争取国际社会对我们的理解和支持"。[①] 各国开始更加积极地借鉴和吸收其他国家和地区的先进经验和理念，以丰富自己的思想政治教育内容。例如，中国在思想政治教育中不仅注重本土文化的传承，也吸收了西方国家的一些先进理念和方法。这种开放性的思想政治教育话语格局，

---

① 《中共中央关于制定国民经济和社会发展第十四个五年规划和二〇三五年远景目标的建议》，《人民日报》2020年11月4日第1版。

有利于各国之间的相互学习和交流,促进全球思想政治教育的共同进步。

二 新媒体时代话语转化的路向

随着互联网和社交媒体的迅猛发展,新媒体时代使思想政治教育话语具备了许多新的特征。除了传统的主流媒体机构发声外,在新媒体时代,个人和社会群体也可以通过互联网参与思想政治教育话语的形成和传播。这种多元化的思想政治教育话语,使不同的观点和声音得以表达和交流,促进了思想政治教育的多样性和包容性。

首先,新媒体时代思想政治教育话语内容更加多样化。在传统的思想政治教育中,主流机构掌握着话语权,信息传递相对单一。然而,在新媒体时代,个人和社会群体也可以通过互联网和社交媒体等平台发表自己的观点和声音。无论是政府政策、社会问题还是历史事件,人们都可以通过网络、社交媒体等途径了解各种不同的观点和声音。这种多元多样的思想政治教育话语内容,使得人们能够更全面地了解和思考问题,避免了单一观点的局限性。

其次,新媒体时代思想政治教育话语更具互动性。在传统的思想政治教育中,话语往往是单向传播的,政府、学校和传统媒体等主流机构向公众传递信息和观点。然而,在新媒体时代,人们可以通过互联网和社交媒体等平台与他人进行互动和交流,表达自己的意见和看法。无论是在微博上评论一条新闻,还是在论坛上参与讨论,人们都可以通过互动来表达自己的观点和看法。这种互动性的思想政治教育话语,使得公众能够更积极地参与思想政治教育,提出问题、讨论观点,提高了思想政治教育的民主性和参与性。

再次,新媒体时代思想政治教育话语更加民主公开。在传统的思想政治教育中，话语往往受到政府和主流机构的控制和限制，信息传递比较封闭。然而，在新媒体时代，互联网和社交媒体等平台为人们提供了更加开放的信息空间，各种观点和声音都可以得到传播和表达。无论是在个人博客上发布文章，还是在社交媒体上分享观点，人们都可以自由表达自己的意见和看法。这种开放性的思想政治教育话语，使得人们能够更广泛地接触到不同的思想和理念，拓宽了思想政治教育的视野和思路。

此外，新媒体时代思想政治教育话语更加个性化。在传统的思想政治教育中，话语往往是面向大众的，缺乏个性。然而，在新媒体时代，互联网和社交媒体等平台可以根据个人的兴趣和需求提供个性化的思想政治教育内容。人们可以根据自己的喜好选择感兴趣的话题和观点，获取符合自己需求的思想政治教育资源。无论是通过订阅电子报刊、参与在线课程，还是通过个人推荐算法获得个性化推送，人们都可以根据自己的需求获取适合自己的思想政治教育内容。这种个性化的思想政治教育话语，能够更好地满足人们多样化的学习需求，提高思想政治教育的针对性和效果。

最后，新媒体时代思想政治教育话语也更加全球化。在传统的思想政治教育中，话语往往受到地域和文化的限制，具有一定的局限性。然而，在新媒体时代，互联网和社交媒体等平台打破了地域和文化的限制，使得思想政治教育话语具有了更加全球化的特征。人们可以通过网络了解世界各地的思想政治教育话语，了解不同国家和地区的政治制度、法律法规、社会问题等。这种全球化的思想政治教育话语，能够帮助人们更好地了解和思考全球性的问题，促进了思想政治教育的国际化和综合性。

总之，新媒体时代思想政治教育话语具有多元化、互动性、开放性、个性化和全球化等特征。这些特征使得思想政治教育话语更加丰富多样，人们能够更全面地了解和思考问题，更积极地参与思想政治教育，更广泛地接触到不同的思想和理念，更好地满足个人学习需求，更全球化地了解和思考全球性的问题。然而，新媒体时代也带来了信息泛滥和虚假信息的问题，因此，在利用新媒体进行思想政治教育时，需要加强信息素养教育，提高人们的思辨能力，确保思想政治教育的质量和效果。在新媒介时代，一个开放性的互联网环境，为中西不同思想之间的沟通与冲突，以及对其进行传播与影响，创造了一个方便而有效的环境。

三 多重挑战下话语场域的塑造

思想政治教育话语不仅是一种特殊的语言符号，而且带有某种文化特征。思想政治教育话语的生成往往要面对一定的话语环境，而这种话语环境又是客观存在的。在此基础上，思想政治教育者可以利用"场域"的构造激发社会成员对话语和情境的具体认识，推动思想政治教育话语主体间的相互理解，进而实现对社会现实的建构。从这个角度出发可以有这样的理解：一句话必须在一个特定的环境中产生，而一句话的解释又必须在某种环境中进行。对任何一种话语分析策略来说，分析话语所反映的意识形态、思想观念与价值观念的根本依据是话语所在的具体语境与场域。在一定的话语环境中，思想政治教育的话语可以进行自己的意义传达，但由于不同的文化传统和价值观等因素的影响，就不可避免地形成了一种独特的话语形式。因此，在不同的话语领域，人们如何准确地把握思想政治教育话语中所传递的基本价值观念及具体内容，有着非常重要的意义。

思想政治教育话语环境是客观存在的，但思想政治教育者能够依据特定的语境来调整、构建自己的语境论,创造出特定的"环境"。在此意义上,话语研究就是对具体话语的检视和阐释。有些学者将话语定义为"你是谁""你在做什么",这一界定模式虽然在实践中笼统地概括了话语的具体含义,但实际上却反映了话语的本质,也就是话语只有在一定的交际层面上才有实际意义。从这一意义上讲,思想政治教育的效果是指思想政治教育在具体目标群体中的具体实施过程。这其实就是对社会环境中的身份与行为的具体建构,也就是在一定的话语场域内,思想政治教育的话语才具有现实的意义。思想政治教育的话语构建是一个动态变化的过程,思想政治教育工作者将其转化为一种具有特殊作用与价值的文化现象。在话语的构建中,思想政治教育的话语场域为它提供了一个积极的、有益的环境,使它与话语的发展具有高度的一致性,保证了它的有序逻辑。

伴随着我国经济社会的快速发展,以及改革开放的持续推进,社会生活变得更加丰富多彩,这就对思想政治教育的话语提出了更高的要求,因此,思想政治教育必须与这一形势变化相适应,来进行创新和变革。在此背景下,思想政治教育话语建设呈现出前所未有的复杂性与紧迫性。

首先,后现代话语对思想政治教育话语的生存空间产生了巨大的影响。"后现代"这一概念自被提出以来,就引起了广泛的争论。所谓"后现代",就是与"现代"这个词相对应的一种说法。"人本"是后现代主义背景下一种重要的、特殊的价值追求与文化观念,它引起了思想政治教育话语在主体、客体与内容上的深刻变革。在后现代主义的话语中,非中心化被认为是一种重要的表达方式,为人们重新审视思维和存在之间的关系提供了一个新的角度。其主要特点是

"解构",其中心是对人的本质论的关怀,强调人的主体性、创造性,提倡从自己的角度来认识世界,由此获得一条崭新的认知途径。后现代主义的话语不仅消解了历史的主体性,而且质疑了历史的客观性,深刻地影响了社会的历史进程。后现代主义以解构传统为基础,重建了人的主体性,但并非彻底否认人的历史主体性。但是,后现代把历史主体看作一个具有缺失、隐匿和分裂功能的可变要素,是一个可以被利用的对象和可能的场所。这一认识导致了对后现代主义历史的错误认识。另外,后现代话语也是对历史客观性的一种挑战。福柯和其他一些后现代派作家坚定地认为,"历史客观性"所要求的"整体性""连续性""合理化"等,其实并不存在。他们视历史为没有生命的事物,认为历史是受强权支配的客体,因而否认历史的连续性、统一性和主体性。福柯通过对主体的消解,使历史的客观性被弱化。这种"后现代主义"的理论主张,在思想政治教育领域引起了对"主体性"和"客观性"的争议。这一论述在思想政治教育话语的演变中有着深刻的意义,其原因在于,它否认了历史的秩序性,否认了人类对社会历史发展的明确认识,并将文化发展的客观性替换为一种历史发展的形式,强调了历史发展的偶然性而不是必然性,因此,连续线性的历史发展就成了一个问题,甚至出现了现代历史的虚幻性。

其次,"虚无主义"的话语对思想政治教育话语的生存空间构成了冲击。从词源上看,"虚无主义"一词来源于拉丁文,动词"虚无化"。指的是完全毁灭和无的过程。雅柯比在1799年第一次使用该词,后来经由屠格涅夫而流行开来,意指唯有我们的感官所获得的存在者才是现实地存在着,其余一切皆为虚无。作为一种哲学思潮,虚无主义以存在所谓的各种各样的有关"正确"的原则,而否认存在着普遍永恒的正确原则，因而具有怀疑主义、相对主义、历史主义、解构主义与颓废主义等思想特点。这种虚无主义有两种形态，一种是历史层次，另一种是现实层次。在漫长的历史进程中，它最重要的表现是对历史本体的偏离与解构。从现实的角度看，则是对现实生活世界的虚无化，对人的非人性化，对人的异化等方面的批评。从本体论角度看，"历史虚无主义"否认历史与文化传统的连贯性，否认历史的客观性，否认历史的主体地位，使"客观"的历史变成"可能性"，进而弱化了历史的严肃性、真实性和必然性。从方法论上讲，它是一种对历史发展必然性的否定。它的基本目标是消除历史和现实生活的关系，以扭曲和美化现实生活。在新的时代背景下，此类话语的产生与演化范围更广，速度更快。某些别有用心的人通过"笑话""故事"乃至"野史"等手段对历史进行"歪曲"，造成了错位。而"虚无主义"则是现代性思维模式与逻辑构造的具体体现，体现了一种消极的、颓废的精神。这一现象不但使人们的主体性价值观消失，也对社会秩序造成了严重的危害。在当代话语场域中，"虚无主义"的破坏性表现为它对现代社会的"精神家园"意义与目的消解。在当今社会，随着科技的迅速发展和人们对大众媒体的广泛运用，人们获得知识和信息的渠道越来越多样化，这一趋势对社会各阶层的影响也日益加深。我们在当今社会生活中所见到的所谓"小确幸"和"佛少年"，实际上都体现了一种"虚无"的倾向。随着"小确幸"和"佛系青年"的兴起，理想与信念在纷繁复杂的社会现实中失去了意义，人们的精神家园也就成了一个空洞的世界。同时，它还带有强烈的"反乌托邦"色彩，通过对人的心灵世界的解构，使人脱离了传统社会所建构的"理想"的伦理系统，成为自己的意识形态武器。受这些话语的影响，人们的意识形态和观点就会表现出两种取向。一种是指人们在不同的历史时期，以自己的喜好作为衡量自己价值观的标准，而对社会主义核心价值观的认同却很难达到，从而造成了对现代社会价值观的侵蚀与颠覆；另一种是通过多种途径来表达自己的内在情绪和诉求，从而达到自我价值和社会价值的统一。在这个错综复杂的话语空间中，人们缺少一种精神家园的建构，因而丧失了对自己理想信念的追寻，造成了精神世界的空虚，其影响是不容忽视的。

最后，思想政治教育话语的发展空间正受到西方话语体系的强烈冲击。西方主流媒体通过各种途径传播着自己国家的价值观念、社会思潮及文化理念，并以其强大的舆论影响力左右人们的思维方式。在现代中国，很多社会思想论述都有源于西方的"新自由主义""文明冲突""意识形态终结论"等思想论述。这些西方话语被包装成学术话语、理论话语、娱乐话语等形式，并在国内得到广泛传播，从而构成一种不同话语交织在一起的错综复杂的局面。新时期的西方话语以一种"日常"的形式渗入普通民众的生活，并对他们造成了深刻的影响。其全方位的渗入方式、先进的渗入技术，都是造成其话语优势与影响力的主要原因。从某种意义上说，西方意识形态的话语在其传播和执行过程中，具有很强的隐蔽性质。一些西方国家、机构和个人，往往通过学术研究、文化交流和文化产品的形式，来表达他们的意识形态，这些形式既隐蔽又有很强的吸引力，对社会成员有着很大的影响。同时，因为这种"隐性解读"具有强烈的欺骗性、迷惑性，所以，"隐性解读"在进入人们生活后，很容易成为人们接受或开展思想政治教育的一个重要途径。在这样的话语之下，很多人都会在不知不觉中被这样一种含蓄的话语所感染，并成为西方思想体系的"言说者""代言人"。

四　回应时代问题的话语环境建设

第一，要与时代发展同行，我们需要关注和研究时代问题。时代问题是指在特定历史时期和社会背景下出现的重大问题，如环境污染、科技发展、社会不公等。我们需要通过广泛的调查和研究，了解和把握这些问题的本质、原因和影响。例如，社会不公问题可能源于不平等的资源分配、制度性的歧视等。深入挖掘其背后的思想观念、价值观念、制度问题等，有助于人们更好地理解和认识问题。思想政治教育话语可以通过分析问题的根源，引导人们从宏观的角度去思考问题，从而能够有针对性地进行思考和解决。只有深入了解时代问题，我们才能够提供准确、有针对性的思想政治教育话语支撑，才能帮助人们理解问题产生的原因并予以破解，进而扫除思想障碍，助推社会发展。

第二，创设与时代发展同行的思想政治教育话语环境需要注重理论创新。理论创新是指在思想政治教育领域提出新的理论观点和思考框架。思想政治教育话语可以通过引用和解读相关的理论和思想，为人们提供理论指导和思考方向。例如，在回应环境污染问题时，可以引用可持续发展理论，强调经济、社会和环境的协调发展。通过引导人们从理论层面去思考问题，分析问题的本质和解决问题的途径，帮助人们更好地理解和应对时代问题。随着时代的发展，新的问题和挑战不断出现，传统的理论观点和思考框架可能无法完全适应新的情况。因此，我们还需要不断探索和创新，提出新的理论观点和思考框架，以应对新的时代问题。同时，我们也需要借鉴和吸收其他领域的理论成果，实现相关学科领域的交叉融合，以拓宽思考的视野和深化理论的内涵。

第三，创设与时代发展同行的思想政治教育话语环境需要注重多元对话。多元对话是指在思想政治教育领域鼓励和尊重不同观点和声音的交流和对话。时代问题往往具有复杂性和多样性，不同的人可能有不同的观点和解决方案。我们应该鼓励引导人们开展平等、理性和包容的对话，倾听不同的声音，争取多元化的思考并寻求多样化的解决方案。通过多元对话，我们可以促进思想政治教育话语的深化和丰富，提高其适应时代发展的能力。思想政治教育话语可以通过强调正确的价值观念和道德观念，引导人们树立正确的价值取向和行为准则。例如，在回应科技发展带来的伦理道德问题时，可以强调尊重人的尊严和权益，倡导科技应用的伦理和道德规范，帮助人们树立正确的价值观念，从而能够更好地应对时代问题。

第四，创设与时代发展同行的思想政治教育话语环境需要注重实践导向。实践导向是指思想政治教育话语要与实际行动相结合，鼓励人们积极参与社会实践和公共事务。时代问题需要通过实际行动来解决，而单纯的理论讨论和宣传是远远不够的。我们应该鼓励人们通过实际行动来解决时代问题，如参与公益活动、社会组织、志愿者服务等，共同努力解决问题。通过强调每个人的责任和义务，鼓励人们积极参与社会事务，共同努力解决时代问题，推动社会的发展和进步。通过实践导向，我们可以将思想政治教育话语与实际问题相结合，提高其实效性和可操作性。

第五，创设与时代发展同行的思想政治教育话语环境需要注重传播和推广。思想政治教育话语的影响力和效果需要通过传播和推广来实现。我们可以通过各种渠道和方式，如媒体、网络、教育机构等，将思想政治教育话语传播给更广泛的人群。思想政治教育话语可以通过分享和传递实践经验，帮助人们更好地应对时代问题。例如，在回应社会不公问题时，可以分享成功的案例和经验，让人们从中学习和借鉴。通过分享成功的案例，让人们了解到解决问题的方法和途径，提供实践指导和解决问题的思路。同时，我们也需要培养更多的思想政治教育专业人才，提高他们的专业水平和能力，以推动思想政治教育话语的发展和创新。

总之，创设与时代发展同行的思想政治教育话语环境是一个复杂而重要的任务。它需要关注和研究时代问题，注重理论创新，鼓励多元对话，注重实践导向，以及注重传播和推广。通过这些努力，我们可以创设一个适应时代发展的思想政治教育话语环境，为人们正确理解、评估和回应时代问题提供有力支持。

第五章　思想政治教育话语演进的发展取向探索

第一节　推进思想理念大众化

一　明晰思想政治教育话语发展方向

(一) 以思想政治教育话语建设提升政治意识

对思想政治教育话语的具体内容进行深入的解读和阐释，有助于发挥其重要的功能和作用。随着新时代的到来，人们的思维方式发生了很大变化，追求更加丰富和个性化的表达；而随着互联网和信息技术的迅猛发展，新媒体逐渐崭露头角，成为思想政治教育话语传播的新载体，给传统的话语传播方式带来极大的挑战。这些因素都使得社会主义的主导意识形态受到前所未有的冲击。基于这一发展趋势，我们必须积极应对当前对思想政治教育话语的挑战，直面话语发展中的困境，并以社会中既有的"老问题"和出现的"新问题"作为思想政治教育话语发展导向，重塑思想政治教育话语体系框架，以提升其有效性、可信度和影响力。

问题导向是思想政治教育话语发展的不竭源泉。马克思指出:"一个时代的迫切问题,有着和任何在内容上有根据的因而也是合理的问题共同的命运:主要的困难不是答案,而是问题。"[①] 以此来说,面对当今复杂的社会环境,思想政治教育话语必须勇于直面现实问题,深入解析社会成员在实践中所面临的挑战,并在多元价值观念之间做出正确的抉择与取舍,以此来体现思想政治教育话语的说服力。掌握正向的,对于人民真正有利、有帮助的话语主导权,是新时代思想政治教育话语发展的关键所在。

随着中国特色社会主义迈入新的历史阶段,思想政治教育话语出现两方面问题,即"自身如何"和"外部如何"的问题。首先,"自身如何发展"成为思想政治教育话语建设的重中之重。思想政治教育话语是社会实践的产物,它反映了社会发展和变迁的历史。因此,由于社会的不断变化和发展,对于思想政治教育话语的要求也越来越高。在这个充满挑战的新时代,思想政治教育话语必须坚定不移地践行马克思主义,勇于拥护它的革命性、批判性,并运用它的思维方式、观点、准则,深刻洞察当下社会中存在的问题,从而为党和国家的现代化建设提供强大的智慧支撑,推动思想政治教育话语的发展。习近平总书记强调,要想让理论发挥最大的活力,就必须以解决实际问题为起点,不断推进理论创新。可以说,理论创新的过程是一个探索、挑战、深入研究、最终实现的过程。在新时代,思想政治教育话语应进一步夯实马克思主义的理论基础,继承马克思主义的革命性、批判性,运用马克思主义的立场、观点、方法来深入探讨现实问题,以期为党和国家的现代化建设提供有力指

[①] 《马克思恩格斯全集》第1卷,人民出版社1995年版,第203页。

导，促使思想政治教育话语的话语体系得到全面的发展。其次，"外部如何发展"成为思想政治教育话语面临的巨大挑战。随着新时代的到来，思想政治教育话语受到外部多元观点的挑战和冲击，而且受到西方异质意识形态的批判和否定，更有一些人把重点放在"价值中立"上，试图用当代全球化和现代化的理念来抹杀和歪曲社会主义的价值观。

在当今的社会发展过程中，思想政治教育话语面临着诸多新的机遇与挑战。一方面，随着信息技术的快速发展和社会信息化程度的不断提高，人们的思想观念发生了深刻的变化；另一方面，全球化、多元化等因素也给思想政治教育话语带来了前所未有的压力。如何有效地批判和抵制不良的社会思潮，以及如何科学地解释发展过程中出现的各种问题，牢固树立思想政治教育话语权，是新时代思想政治教育话语面临的一项重要挑战和任务。随着时代发展，现代社会中出现很多思想领域的"杂音"。为此，思想政治教育话语必须充分发挥其解读和阐释的能力，发挥"消音器"的作用，并且让作为"消音器"的思想政治教育话语扩散到更多领域和更大范围，以有效地抑制"外部杂音"的不良影响。

随着互联网信息的爆炸式分散传播，让"有机会说"和"有人听"以及"听得进去"的思想政治教育话语，面临更加复杂的传播环境。因此，思想政治教育话语的有效运用对于新时代的社会发展来说至关重要。思想政治教育话语必须具备深入的理论基础，以便能够满足"说服人"的基本要求，适应不断变化的社会环境。正如列宁所指出的，"最高限度的马克思主义等于最高限度的通俗化"[1]。

---

[1] 《列宁全集》第 36 卷，人民出版社 1959 年版，第 468 页。

因此，必须将创建大众化、生活化的话语体系作为思想政治教育话语构建的重要宗旨，唯有构建一套通俗易懂、贴近生活的话语框架，方能将话语切实地融入人民群众的生活，使其相互融合与作用，增进人民群众对思想政治教育话语的认知，引发人民对于话语的认同，在人民性思想政治教育话语表达与实践相互融合的过程中形成共识，从多个维度来展示其在不同领域的解读能力，从而让人民更加深入地理解思想政治教育话语内容，更加自觉地参与思想政治教育实践。

(二) 以思想政治教育话语建设引领人民思想

思想政治教育话语旨在帮助人们在原有的思想道德认知基础上，不断贴近社会发展的新要求，帮助其在实现自身价值的同时，推动社会发展，实现从"现有"到"应有"的转变。因此，思想政治教育话语的目的是让受众能够更好地理解和认同教育信息，而不仅仅是被动地接受它们。今天的思想政治教育话语应当以培养受教育者的自我意识觉醒和自我发展追求为目标，以便让受教育者更好地理解"现有"和"应有"，以达到让受教育者更好地融入社会的目的。

1. 现代思想政治教育话语的指导思想应当具有科学性和合理性

马克思列宁主义、毛泽东思想、邓小平理论、"三个代表"重要思想、科学发展观、习近平新时代中国特色社会主义思想，为当代思想政治教育话语发展提供了坚强的理论基础，并不断推动着思想政治教育话语的改革创新。马克思主义中国化理论作为一种指导思想，旨在通过"每个人自由而全面地发展"的指导原则，来实现无产阶级的最高理想，并且在现代思想政治教育话语中起到指导作用，促进社会的发展与进步。

2. 现代思想政治教育话语应当引导人们重新认识自身的主体地位

无论采取什么样的方式进行思想政治教育，都应该将人的实际需求作为基础，并努力让他们得到满意的结果。基于"现实人"的实际需要，这是现代思想政治教育话语的指导原则和发展方向。将"人的主体性回归"作为衡量一个人表现的评价标准，可以帮助他们更好地理解自身的内心世界，并且可以激励他们去改善自身的思维方式和行为习惯。通过充分的思想交流，可以更深入地了解受教育者，从而更清晰地传递思想政治教育话语信息，帮助受教育者更好地理解思想政治教育内容，实现内化和外化，达成教育目标。现代思想政治教育话语不仅仅是一种实践活动，也是一种将社会对人的思想和行为的要求进行可操作性转化的方法，它能够有效地将社会主流思想的要求融入受教育者的认知系统，从而使他们的思想和行为更加符合社会的期望。现代思想政治教育话语不能仅仅停留在内容传授的层面，而是需要调动受教育者的主观能动性，实现从教育到自我教育的转化，从而实现从思想到行动的主动转化，达到最佳的思想政治教育效果。

3. 现代思想政治教育话语的语境应当反映出人们的主观需求

现代思想政治教育话语的核心是以科学理论为基础，结合社会发展的实际需求，进行有效的实践活动。与传统的思想、政治和道德教育不同，思想政治教育具有明确的目标性和功能性。然而，如果仅以目标导向为唯一的价值取向，那么受教育者将无法获得应有的尊重，从而使得"以人为本"的教育理念与实际情况出现脱节。现代思想政治教育的话语旨在帮助人们获得更多自由和实现全面成长，它不仅能够传达出正确的教育信息，而且能够将这些信息与受教育者的个体差异联系起来，使他们能够更好地理解和掌握社会规范，从而更好地服务于社会发展。因此，必须坚持将话语的工具性和价值性完美融合，使它们能够满足不同的社会需求，从而更好地服务于社会的进步。只有不断努力和改进，才能让社会成员获得真正的自主性和全面性。现代思想政治教育话语的重点在于将工具理性和价值理性紧密结合，并且着眼于培养社会成员的实践能力和满足他们的发展需求。

（三）以思想政治教育话语建设筑牢发展理念

习近平总书记在哲学社会科学工作会议上提出，"理论创新的过程就是发现问题、筛选问题、研究问题、解决问题的过程"[①]。思想政治教育话语是建设筑牢发展理念的重要工具和重要手段。通过明确发展理念，塑造发展观念，实践发展策略，评估发展成效，我们可以有效地利用思想政治教育话语，建设筑牢发展理念，推动社会的全面发展和持续发展。这不仅有利于个人成长和社会进步，也有利于国家繁荣和民族复兴。

1. 明确发展理念

发展理念是指有关社会发展的基本观念和指导原则，是推动社会发展的理论基础和行动指南。明确发展理念，就是要明确我们要追求什么样的发展，要实现什么样的目标，要采取什么样的手段和方法。在这个过程中，思想政治教育话语可以帮助我们明确发展的方向和路径，明确发展的价值和意义，明确发展的条件和要求。

2. 塑造发展观念

发展观念是指对社会发展的基本认知和理解，是形成社会发展的

[①] 习近平：《在哲学社会科学工作座谈会上的讲话》，《人民日报》2016年5月19日第2版。

思维方式和行为模式。塑造发展观念，就是要塑造我们对社会发展的正确看法和正确态度，塑造我们对社会发展的积极参与和积极贡献。在这个过程中，思想政治教育话语可以帮助我们塑造科学的发展观，塑造全面的发展观，塑造持续的发展观。

3. 实践发展策略

发展策略是指为实现社会发展目标而采取的具体策略和措施，是推动社会发展的实际行动和实际效果。实践发展策略，就是要将我们的发展理念和发展观念转化为实际的发展行动和实际的发展成果。在这个过程中，思想政治教育话语可以帮助我们实践创新的发展策略，实践协调的发展策略，实践绿色的发展策略。

4. 评估发展成效

发展成效是指社会发展的具体成果和具体影响，是衡量社会发展的重要标准和重要依据。评估发展成效，就是要对我们的发展行动和发展成果进行科学的评估和合理的解读。在这个过程中，思想政治教育话语可以帮助我们评估公正的发展成效，评估共享的发展成效，评估持久的发展成效。

二　激发思想政治教育话语力量源泉

（一）发挥思想政治教育话语的思想引领力

思想政治教育话语的思想引领力是指通过言语和思想的传递，引导人们形成正确的思想观念、价值观和行为准则，从而影响和引导社会发展和个人成长。在当今复杂多变的社会环境中，发挥思想政治教育话语的思想引领力显得尤为重要。

1. 思想政治教育话语要具有积极的价值导向

价值导向是指思想政治教育话语要明确传递积极向上的价值观念，

引导人们追求真善美、社会进步和个人成长。在传递价值观念时，要注重培养人们的社会责任感和公民意识。例如，在教育领域，思想政治教育话语可以强调人的全面发展，鼓励人们追求知识、追求真理、追求美好生活。同时，思想政治教育话语也应关注社会责任和公益意识，引导人们关心他人、关心社会、关心环境，形成积极向上的社会风尚。

中国共产党自成立以来，一直致力于将人民的利益放在首位，不断提升公共服务水平，满足人民的基本需求，促进社会的进步。随着中国特色社会主义步入新的历史阶段，国际国内环境变得越来越复杂，各种社会思潮的影响力也变得越来越明显，因此，"首因效应"的思想政治教育话语必须及时有效地传达出来，既要坚持以人民为中心的理念，又要以具体的内容、灵活的方式让社会成员深刻体会到党和国家的价值主旨。

2. 思想政治教育话语要具有科学的理论支撑

科学的理论支撑是思想政治教育话语发挥引领力的基础。思想政治教育话语应基于科学的研究成果和理论体系，避免主观臆断和盲目跟风。在传递思想观念时，要注重理论的解释和实证研究的支持，使人们能够理解思想观念的来源和内涵。例如，在教育领域，思想政治教育话语可以引用教育心理学、社会学、伦理学等学科的理论，解释人的思维、行为和价值观的形成机制，从而引导人们形成科学的思维方式和正确的价值观。

3. 思想政治教育话语要具有启发性和激励性

启发性是指思想政治教育话语要能够激发人们的思考和创新，引导人们主动思考问题、探索解决方案。激励性是指思想政治教育话语要能够激发人们的积极性和进取心，鼓励人们追求个人成长和社会进步。在传递思想观念时，要注重故事性和情感化的表达方式，使人们能够产生共鸣和情感共振。例如，在教育领域，思想政治教育话语可以通过启发性的故事、案例和实践经验，激发人们的思考和行动，引导人们积极追求个人成长和社会进步。

4. 思想政治教育话语要具有实践导向

实践导向是指思想政治教育话语要与实际行动相结合，鼓励人们积极参与社会实践和公共事务。只有将思想转化为行动，才能真正产生引领力。在传递思想观念时，要注重实践的指导和实证研究的支持，使人们能够将思想转化为实际行动。例如，在环境保护教育中，思想政治教育话语可以通过宣传环境保护的重要性和方法，引导人们积极参与环境保护行动，如垃圾分类、节约能源等。

5. 思想政治教育话语的发挥需要全社会的共同努力

政府、教育机构、社会组织和个人都应发挥各自的作用，并形成合力。政府应加强对思想政治教育的引导和管理，制定相关政策和法规，提供良好的教育环境和资源。教育机构应加强师资培养，提高教师的思想政治教育水平和能力。社会组织应开展多样化的思想政治教育活动，为人们提供学习和交流的平台。个人应自觉学习理论知识，积极参与思想政治教育实践，不断提升自己的思想素养和道德修养。

（二）发挥思想政治教育话语的价值凝聚力

思想政治教育话语的价值凝聚力在培养社会主义核心价值观、增强国家认同感和集体认同感、促进社会和谐稳定等方面具有重要作用。

1. 思想政治教育话语应具有引导和激励作用

思想政治教育话语应该能够引导人们树立正确的世界观、人生观和价值观，激励他们为实现共同目标而努力奋斗。通过对社会主义核心价值观的宣传和普及，可以帮助人们树立正确的价值观念，增强对社会主义事业的认同和信心。同时，思想政治教育话语还应该具有激励作用，通过对成功经验和典型案例的介绍和分析，激发人们的学习兴趣和学习动力，促使他们从中汲取智慧和经验，为实现个人和社会的发展提供借鉴和指导。

2. 思想政治教育话语应具有凝聚和团结作用

思想政治教育话语应该能够凝聚人们的共同利益和共同目标，促使他们形成团结和协作的力量。思想政治教育的话语可以触发人们的情感共鸣，让他们感受到自己和社会的联系。通过共鸣，人们更容易理解和接受教育中传达的价值观念和道德观点。通过强调共同的价值观和目标，可以帮助人们认识到自己的利益与他人的利益是相互依存的，从而形成团结合作的意识。同时，思想政治教育话语还可以加强人们的集体认同感和归属感，促使他们为共同的事业而奋斗。

3. 思想政治教育话语应具有教育和培养作用

通过思想政治教育话语，可以帮助人们提高思维能力和解决问题的能力，培养他们的创新精神和实践能力。同时，思想政治教育话语还可以增强人们的自信心和自尊心，培养他们的责任感和担当精神。通过这种教育和培养，可以提高人们的综合素质和实践能力，为社会的发展和进步提供有力支撑。

4. 思想政治教育话语还应具有传承和发展作用

思想政治教育话语应该能够传承和发展优秀的思想文化传统，弘扬社会主义核心价值观和中国特色社会主义理论体系，激发人们对中华优秀传统文化的热爱和传承。同时，思想政治教育话语还应与时俱进，与社会发展和时代进步相适应，不断创新和完善，以适应人们对思想政治教育的新需求和新期望。

总之，思想政治教育话语的价值凝聚力是促进社会和谐、政治稳定和国家发展的关键因素。发挥思想政治教育话语的价值凝聚力需要具备引导和激励、启发和启示、凝聚和团结、教育和培养、传承和发展等多重功能。只有通过这些功能的发挥，才能够更好地凝聚人们的思想和力量，形成共同的价值观和共同的行动力，为实现个人和社会的发展做出积极贡献。

(三) 发挥思想政治教育话语的文化感染力

文化是一个社会的灵魂，是人们共同的历史、价值观和传统的反映。在全球化的今天，保护和传承本国文化变得尤为重要。思想政治教育话语的文化感染力是指通过思想政治教育话语所传递的思想观念、价值观和道德规范，对人们的思想情感和行为习惯产生积极的影响。发挥思想政治教育话语的文化感染力是一项至关重要的任务，因为它有助于塑造公民的意识形态、价值观和文化认同，从而推动社会的和谐与稳定。费孝通先生指出。"要认识自己的文化，理解所接触到的多种文化，才有条件在这个正在形成中的多元文化的世界里确立自己的位置，经过自主的适应，和其他文化一起，取长补短，建立一个共同认可的基本秩序和一套与各种文化能和平共处、各抒所长、联手发展的共处条件。"[①] 思想政治教育话语应当紧跟时代步伐，紧密结合中国

---

① 费孝通：《对文化的历史性和社会性的思考》，《思想战线》2004 年第 2 期。

当前的文化环境，弘扬中国传统的文化价值观，引领中国文化的未来走向。

1. 要注重思想政治教育话语的文化内涵

思想政治教育话语应该融入和体现中华优秀传统文化的精髓和社会主义核心价值观，强化本土文化的教育内容，包括历史、传统和价值观，传承和弘扬社会主义核心价值观和中国特色社会主义理论体系。通过对传统文化的深入研究和理解，可以将传统文化的智慧和精神融入思想政治教育话语，使其更具有文化感染力和吸引力。

2. 要注重思想政治教育话语的情感共鸣

思想政治教育话语应该能够触动人们的情感，引发他们的共鸣和共情。通过对人们情感需求的了解和把握，可以选择恰当的情感表达方式和情感话语，使人们在听到和接受思想政治教育话语时，能够产生情感共鸣，从而更容易接受和认同其中的思想观念和价值观。可以采用创新的教育方法，如故事、音乐等形式，吸引学生对文化的兴趣。这些方法可以使学习过程更生动有趣，也更易引发情感共鸣。

3. 要注重思想政治教育话语的形象塑造

思想政治教育话语应该通过生动形象的描绘和塑造，使人们真切地感受到其中所传递的思想观念和价值观。对典型人物和典型事例的介绍和分析，可以帮助人们更加直观地理解和接受思想政治教育话语，从而更容易被其所感染和影响。

4. 要注重思想政治教育话语的语言表达

思想政治教育话语应该以简练、准确、生动、形象的语言表达方式，使人们更好地理解和接受其中的思想观念和价值观。通过对话语的精练和语言的优化，可以增强思想政治教育话语的文化感染力，使其更易于被人们接受和传播。同时，思想政治教育应包括多元文化教育，使人们能够理解和尊重不同文化的差异，这有助于促进文化包容性和互相理解。

5. 要注重思想政治教育话语的实践引导

思想政治教育话语应该与实际生活和实践活动相结合，引导人们在实践中不断增强对思想观念和价值观的认同和坚守。鼓励人们参与文化活动，如文化节日、展览和庆典。这可以增强他们对文化的体验和感受。通过对实践案例的引用和对实践经验的总结，可以使人们更加深刻地认识到思想政治教育话语的实际意义和作用，从而更加自觉地将其转化为实际行动。

未来，发挥思想政治教育话语的文化感染力将更加重要，因为社会多元化和文化交流将继续增加。在全球化的背景下，保护和传承本国文化变得至关重要，这有助于保持文化多样性。同时，思想政治教育需要不断创新和适应新的挑战，包括数字化时代的教育方式和国际交流的增加。继续增强文化感染力可以为社会和谐、文化传承和国家发展做出积极贡献。要发挥思想政治教育话语的文化感染力，需要注重思想政治教育话语的文化内涵、情感共鸣、形象塑造、语言表达和实践引导。只有通过这些方面的努力，才能够使思想政治教育话语更好地渗透到人们的思想情感和行为习惯中，产生积极的文化感染力和社会影响力。

三　构建新时代全息媒体传播体系

话语传播在思想政治教育中具有重要的作用。首先，话语传播是一种有效的思想沟通方式。通过言辞、文字等方式传达思想政治教育的内容和理念,能够使广大人民群众更好地理解和接受党的主张,增强思想认同感和归属感。其次,话语传播是一种有效的思想引导方式。通过言辞、文字等方式传达正确的思想观念和道德规范,能够引导广大人民群众树立正确的世界观、人生观和价值观,增强社会主义意识形态的主导地位。最后,话语传播是一种有效的思想教育方式。通过言辞、文字等方式传达思想政治教育的内容和理念,能够提高广大人民群众的思想政治素质,培养社会主义核心价值观,推动全社会形成良好的思想文化氛围。

(一) 传播理念：党性与人民性相融合

党性与人民性相融合是思想政治教育话语传播的核心理念之一。党性是党员干部的政治品质和行为准则,是党员干部坚守党的宗旨、遵守党的纪律、履行党员义务的基础。人民性是党员干部对人民群众的关怀和服务意识,是党员干部积极为人民群众提供服务、解决实际问题的表现。党性与人民性相融合的理念体现了党的初心和使命。党的初心是为人民服务,党的使命是实现共产主义的伟大事业。党员干部作为党的骨干力量,必须始终坚持党的宗旨,把人民群众的利益放在第一位,为人民群众谋幸福,为人民群众解难题。党性与人民性相融合的理念能够引导党员干部牢记初心使命,坚守党的宗旨,不忘人民、不负人民。

坚持党性与人民性相融合的传播理念,要求我们在思想政治教育话语传播过程中,坚持正确的政治方向,注重科学的教育原则,贴近群众、服务群众,以达到更好的教育效果。

1. 思想政治教育话语传播应坚持正确的政治方向

作为一种思想引导方式,思想政治教育话语传播必须以马克思主义、中国特色社会主义为指导，坚持党的领导，坚持社会主义核心价值观，坚持正确的政治方向。在传达思想政治教育内容和理念时，要始终坚持正确的政治方向，以马克思主义的立场、观点和方法，引导广大人民群众树立正确的思想观念和道德规范。

2. 思想政治教育话语传播应注重科学的教育原则

话语传播要注重科学性、系统性、针对性，注重培养人们的思辨能力和创新能力，注重培养人们的社会责任感和公民意识。在传达思想政治教育内容和理念时，应注重科学的教育原则，使话语传播更加有说服力和教育效果。例如，可以通过理论阐释、事例分析、问题研讨等方式，引导人们深入思考和探索，提高他们的思辨能力和创新能力。

3. 思想政治教育话语传播应坚持群众性原则

话语传播要贴近群众，服务群众，关注群众的需求和利益，注重与群众的互动和沟通。只有贴近群众、服务群众，才能使话语传播更加贴近实际、贴近生活，更好地引导广大人民群众树立正确的思想观念和道德规范。习近平在上海视察时指出："要注意把社会主义核心价值观日常化、具体化、形象化、生活化，使每个人都能感知它、领悟它。"[1] "讲理论要接地气，要让马克思讲中国话，让大专家讲家常话。"[2] 在传达思想政治教育内容和理念时，可以通过调研、调查、座谈等方式，了解群众的需求和意见，根据实际情况进行有针对性的宣传和教育，使话语传播更加贴近群众的实际需求。

---

[1] 《习近平关于社会主义文化建设论述摘编》，中央文献出版社2017年版，第118页。
[2] 《习近平关于社会主义文化建设论述摘编》，中央文献出版社2017年版，第100页。

(二) 传播模式：一元传播向多元传播转变

在新的时代背景下，随着社会发展和人们思想观念的变化，思想政治教育的话语传播方式也发生了一系列的变化。这种转变旨在更好地适应时代发展的需求，提高思想政治教育的针对性和实效性，引导广大人民群众树立正确的思想观念和道德规范。思想政治教育话语传播模式的转变是适应时代发展和人们需求变化的必然要求。在新的历史条件下，思想政治教育的话语传播需要从单一传播转变为多元传播，从被动接受转变为主动参与，从理论宣讲转变为问题导向，从单向灌输转变为双向互动。这种转变将使思想政治教育更加贴近实际、贴近人民群众，提高教育的针对性和实效性，引导广大人民群众树立正确的思想观念和道德规范。

1. 从单一传播到多元传播

过去，思想政治教育的话语传播主要依靠宣传媒体，如报纸、电视、广播等。这种传播方式虽然可以较好地传达政府的政策和理念，但缺乏互动性和个性化，容易造成信息的单向传递，难以满足人们多样化的需求。而在现代社会，随着互联网的兴起，人们获取信息的渠道更加多样化，思想政治教育的话语传播也应具备多元化的特点。现如今，人们可以通过网络直播、短视频等多种形式获取信息和进行交流，这为思想政治教育提供了更多的传播途径。因此，思想政治教育的话语传播模式需要从单一传播向多元传播转变，充分利用新媒体的优势，更好地满足人们的需求。

2. 从被动接受到主动参与

过去，思想政治教育的话语传播主要是一种被动接受的过程，人们通过媒体获取信息，但缺乏互动和参与的机会。然而，在现代社会，人们的思想观念和价值取向日益多元化，他们更加注重个体的主体性和参与性。因此，思想政治教育的话语传播模式需要从被动接受转变为主动参与，让人们成为思想政治教育的主体和参与者。这可以通过开展讨论、座谈、研讨等形式，让人们参与话语传播，发表自己的观点和意见，增强他们的思辨能力和创新能力。同时，还可以通过线上互动、在线问答等方式，与广大人民群众进行互动和交流，使话语传播更加具有参与性和互动性。

3. 从理论宣讲到问题导向

过去，思想政治教育的话语传播主要是理论宣讲，强调理论的普及和传达。虽然理论宣讲对于思想政治教育具有重要的意义，但在实际传播中，人们往往对抽象的理论知识缺乏兴趣和理解。因此，思想政治教育的话语传播模式需要从理论宣讲转变为问题导向。这意味着要关注人们的实际需求和问题，通过解答问题、提供解决方案等方式，引导人们思考和探索，增强他们的实践能力和解决问题的能力。在话语传播中，可以通过分析实际问题、引用案例、提出具体的方法和措施等方式，使思想政治教育更加贴近实际、贴近生活。

4. 从单向灌输到双向互动

过去，思想政治教育的话语传播主要是一种单向的灌输，政府或教育机构向人民群众传达信息和理念。这种传播模式容易造成信息的单向传递，人们对于信息的接受和理解有限。而在现代社会，人们的思想观念和价值取向日益多元化，他们更加注重个体的主体性和参与性。因此，思想政治教育的话语传播模式需要从单向灌输转变为双向互动。这意味着要与广大人民群众进行互动和交流，倾听他们的声音和意见，了解他们的需求和关切。可以通过开展调研、座谈、问卷调查等形式，与人民群众进行互动和交流，使话语传播更加贴近人民群众的实际需求。

(三) 传播载体：构筑全息媒体传播阵地

习近平总书记指出："善于运用网络了解民意、开展工作，是新形势下领导干部做好工作的基本功。"① 随着社会的发展和进步，思想政治教育话语传播的载体也在不断发生转变。从传统媒体到新媒体，从单向传播到多向互动，这些转变都为思想政治教育的话语传播带来了新的机遇和挑战。

传统媒体一直是思想政治教育话语传播的重要渠道。报纸、电视、广播等传统媒体具有广泛的覆盖面和强大的话语权，能够将政府或教育机构的声音传达给广大人民群众。然而，随着互联网和信息技术的迅猛发展，新媒体逐渐崭露头角，成为思想政治教育话语传播的新载体。新媒体具有信息传播速度快、传播范围广、互动性强等特点，能够更加及时地传递信息和观点，与人民群众进行更加直接的交流。政府和教育机构可以通过微博、微信、视频平台等新媒体渠道，发布思想政治教育的相关内容，与广大人民群众进行交流，增强话语传播的有效性和影响力。

以传统媒体和新媒体的相互融合为基点，构筑全息媒体传播阵地是思想政治教育话语发展的一个重要内容，同时也是一个复杂而庞大的任务，需要综合运用多种媒体技术和传播手段。

1. 构筑全息媒体传播阵地的首要任务是实现多媒体融合

多媒体融合是指将不同媒体形式的内容进行整合，创造更加丰富

---

① 《习近平谈治国理政》第 2 卷，外文出版社 2017 年版，第 336 页。

多样的传播形式。在全息媒体传播阵地中，可以融合文字、图片、音频、视频等多种媒体形式，打造更加生动、直观的传播内容。在实践中，可以利用视频制作技术将文字和图片转化为动态的视频素材，通过音频技术为视频添加声音，使传播内容更加生动有趣。同时，还可以利用交互式技术，让受众可以主动参与话语传播，提高传播效果和受众体验。

2. 虚拟现实技术是构筑全息媒体传播阵地的重要手段之一

虚拟现实技术可以通过模拟真实场景和交互体验，为受众提供身临其境的感觉。在全息媒体传播阵地中，可以利用虚拟现实技术创建虚拟的传播场景，让受众亲身体验。例如，在新闻报道中，可以利用虚拟现实技术再现事件现场，让受众感受到真实的情境；在教育领域，可以利用虚拟现实技术创造互动的学习环境，提高学习效果。虚拟现实技术的应用可以提升传播效果，使传播内容更加生动有趣。

3. 人工智能技术是构筑全息媒体传播阵地的关键技术之一

人工智能技术可以通过分析大数据和智能算法，为受众提供个性化的传播内容和推荐服务。在全息媒体传播阵地中，可以利用人工智能技术对受众的兴趣、偏好进行分析，为其提供定制化的传播内容。例如，在新闻推送中，可以利用人工智能技术，根据受众的浏览历史和兴趣推送相关的新闻；在思想政治教育中，可以利用人工智能技术分析受教育者的思想认知水平和行为趋向，制定精准的教育目标。人工智能技术的应用可以提高传播效果，增强受众的参与感和满意度。

4. 跨平台整合构筑全息媒体传播阵地需要跨越多个媒体平台和传播渠道

在实践中，可以通过跨平台整合，将不同媒体平台和传播渠道进行有机结合，实现全息媒体传播的无缝衔接。例如，可以将传统媒体、社交媒体、移动互联网等不同媒体形式进行整合，通过多渠道传播同一内容，提高传播效果和覆盖面。同时，还可以利用跨平台整合的优势，实现话语传播内容的多样化和个性化，满足受众的不同需求和偏好。

第二节　实现价值内化与转化

一　凝聚改革共识

作为一个拥有庞大人口和多元文化的国家，中国面临着各种挑战和问题，而改革发展是推动国家繁荣和提高人民福祉的关键。思想政治教育话语在凝聚改革发展共识方面起到了重要的作用。改革发展是一个复杂的系统工程，需要全社会的共同努力和支持。而思想政治教育话语通过传递正确的思想观念和价值取向，引导人们认识到改革发展的重要性和必要性，强调改革发展的原则和方向，重点和重要领域，方法和途径，整体性和协调性，从而凝聚改革发展共识。作为一种宣传和引导的手段，可以通过宣传和解释改革发展的原则、方向、重点、方法和整体性，引导人们形成改革发展共识。

（一）凝聚改革发展共识的群众基础

1. 思想政治教育话语引导正确的思想观念和价值取向

在改革发展的过程中，人们的思想观念和价值取向会发生变化，思想政治教育话语可以引导人们树立正确的世界观、人生观和价值观，形成共同的认知和价值取向。例如，在经济改革中，思想政治教育话语可以引导人们树立正确的经济观念，强调共同富裕和可持续发展的重要性，促使人们认识到经济改革对于社会发展的重要性，形成经济发展共识。在政治改革方面，思想政治教育话语可以引导人们树立正确的政治观念，强调民主法治和社会公正的重要性，促使人们认识到政治改革对于社会稳定与公平正义的重要性，形成政治改革共识。在文化改革方面，思想政治教育话语可以引导人们树立正确的文化观念，弘扬中华民族优秀传统文化，推动文化创新和多元发展，促使人们认识到文化改革对于社会发展的重要性，形成文化发展共识。

2. 思想政治教育话语引导社会发展方向

思想政治教育话语通过传播正确的思想观念和价值观，引导人们树立正确的发展理念和目标。它强调社会主义核心价值观，弘扬中华民族优秀传统文化，推动社会朝着正确的方向发展。在改革发展的过程中，社会发展方向的选择至关重要，思想政治教育话语可以引导人们认识到社会发展的重要性，形成共同的发展目标和方向。在经济发展方面，思想政治教育话语可以引导人们树立正确的发展理念，强调创新、协调、绿色、开放、共享的发展理念，促使人们认识到经济发展需要坚持科技创新、资源节约、环境友好、开放合作和共享发展的原则，形成经济发展共识。在政治发展方面，思想政治教育话语可以引导人们树立正确的政治理念，强调民主法治、公平正义、廉洁奉公的政治理念，促使人们认识到政治发展需要坚持民主决策、法治建设、公平正义和廉洁政府的原则，形成政治发展共识。在文化发展方面，思想政治教育话语可以引导人们树立正确的文化观念，强调文化自信、文化多样、文化创新的文化观念，促使人们认识到文化发展需要坚持传承中华民族优秀传统文化、推动文化多样性和创新发展的原则，形成文化发展共识。

(二) 汇聚推动改革发展的群众力量

在社会发展过程中，人们的思想观念和价值取向的多样性会导致社会分化和矛盾。思想政治教育话语通过传播正确的思想观念和价值观，可以增强社会的凝聚力，促使人们形成共同的认同和归属感，从而汇聚成推动改革发展的巨大力量。

第一，思想政治教育话语强调国家利益和民族团结的重要性，促使人们认识到个人利益和集体利益的统一，形成共同的国家意识和民族认同。在改革发展的过程中，人们的利益诉求各不相同，这要求我们既要承认社会分化和人们利益观念的多元多样，又要认识到人民大众的根本利益是一致的。凝聚共识的过程包括引起大家对某事的关注，寻找和寻求共同点，以及形成和扩大共识。例如，中国的改革发展要坚持以人民为中心的发展思想，保障人民的根本利益，这就需要通过思想政治教育话语的宣传和解释，让人们认识到人民是改革发展的主体，形成改革发展共识。

第二，思想政治教育话语强调社会公平和正义的重要性，促使人们认识到社会公平与正义对于社会稳定与和谐的重要性，形成共同的社会公平意识和正义观念。在改革发展的过程中，社会的分配不平衡和不公正会导致社会矛盾和冲突，思想政治教育话语强调公平正义的理念教育，通过提升政治认同、协调社会舆情和构建和谐关系等方式，为社会和谐发展提供价值引领和理性引航。

第三，思想政治教育话语强调社会和谐和共享的重要性，促使人们认识到社会和谐和共享对于社会稳定和发展的重要性，形成共同的社会和谐意识和共享观念。在改革发展的过程中，社会利益分配不均和资源不平衡会导致社会不稳定与不和谐，思想政治教育话语可以引导人们认识到社会和谐和共享的重要性，形成共同的社会和谐意识和共享观念，增强社会的凝聚力。改革发展需要各个领域的协调配合才能实现顺利推进。通过宣传和解释改革发展的整体性和协调性，可以引导人们认识到改革发展需要各个领域的协调配合，形成改革发展共识。例如，中国提出了"五位一体"总体布局和"四个全面"战略布局，强调各个领域的协调发展，这需要广泛的社会共识和支持。通过思想政治教育话语的宣传和解释，可以让人们认识到这些布局的重要性和必要性，为改革发展提供坚实的思想基础和广泛的社会支持。

（三）契合改革发展的群众诉求

习近平总书记提出："我们党作出实行改革开放的历史性决策，是基于对党和国家前途命运的深刻把握，是基于对社会主义革命和建设实践的深刻总结，是基于对时代潮流的深刻洞察，是基于对人民群众期盼和需要的深刻体悟。"[①] 在改革发展过程中，思想政治教育需要契合群众的诉求，引导和激发群众的积极性、主动性和创新性，为改革发展提供强大的人民力量。

1. 思想政治教育话语需要契合群众对美好生活的追求

群众对美好生活的追求是改革发展的重要动力。改革开放以来，我国经济发展取得了巨大的成就，人民生活水平显著提高，但与此同时，也出现了一些新的问题和挑战。群众对美好生活的需求不仅仅是

---

① 习近平：《在庆祝改革开放40周年大会上的讲话》，《人民日报》2018年12月19日第2版。

物质层面的需求，还包括精神层面的需求。思想政治教育话语通过宣传和解释社会主义核心价值观，引导群众追求真善美，追求和谐共生，追求公正公平，追求自由平等，追求创新进步，激发群众对美好生活的热切期待和积极追求，为改革发展提供强大的动力。

2. 思想政治教育话语需要契合群众对公正公平的需求

公正公平是社会主义社会的基本原则，也是群众对社会主义社会的基本期待。然而，在改革发展的过程中，一些不公不义的问题也随之出现。群众对公正公平的需求不仅仅是对个人利益的追求，更是对社会公正的期待。思想政治教育话语通过宣传和解释社会主义公正公平的理念，引导群众坚持公正公平，反对不公不义，反对特权和腐败，激发群众对公正公平的强烈需求和坚定信仰，为改革发展提供坚实的价值支撑。

3. 思想政治教育话语需要契合群众对知识和技能的需求

知识和技能是群众提高自身素质，提高生活水平，提高社会地位的重要途径。在改革发展的过程中，人民群众对知识和技能的需求日益增长。群众希望通过学习和培训获得更多的知识和技能，以适应社会发展的需要，提高自身的竞争力。思想政治教育话语通过宣传和解释社会主义知识分子的地位和作用，引导群众珍视知识，尊重技能，激发群众对知识和技能的强烈需求和积极追求，为改革发展提供强大的人才支持。

4. 思想政治教育话语需要契合群众对参与决策和监督的需求

改革发展需要广泛的群众参与和监督，只有这样才能形成科学合理的决策，确保改革发展的方向和目标符合群众的利益。群众希望能够参与决策，发表自己的意见和建议，对政府的工作进行监督。思想政治教育话语通过宣传和解释社会主义民主和法治的理念，引导群众积极参与决策和监督，增强群众的主人翁意识和责任意识，为改革发展提供强大的民意支持和社会监督。

总之，思想政治教育话语在契合群众诉求的过程中，既要引导群众形成正确的世界观、人生观和价值观，又要满足群众对美好生活、公正公平、知识技能、参与决策和监督的需求，这样才能为改革发展提供强大的人民力量，推动社会主义建设不断发展。

二　增强治理合力

（一）调动主体，提升公民参与意识

公民参与意识是指公民对社会事务的关注程度、参与程度和责任感。通过思想政治教育话语，可以引导公民积极参与社会治理，提高他们的参与意识和能力。

1. 思想政治教育话语通过教育引导，提升公民参与意识

教育是培养公民参与意识的基础，思想政治教育话语可以通过学校教育和社会教育等途径，向公民传递参与社会事务的重要性和必要性。例如，在学校中开展公民教育课程，教授公民正确认识自身的权利和义务、了解参与公共事务的方式和途径，培养学生的参与意识和能力。同时，也可以通过举办公民参与活动、开展公民培训等方式，提高公民的参与意识和能力。

2. 思想政治教育话语通过信息传播，提升公民参与意识

信息传播是公民参与的重要前提，公民只有了解社会事务的真实情况和相关政策，才能更好地参与其中。思想政治教育话语可以通过媒体、互联网和社交平台等渠道，向公民传递社会事务的相关信息和

政策，提高公民的参与意识。例如，政府可以通过官方媒体发布公告和政策解读，向公民传递相关信息；同时，社交平台也可以成为公民交流和参与的重要平台，政府可以利用社交平台开展在线讨论和调查，收集公民的意见和建议。

3. 思想政治教育话语通过建立参与机制，提升公民参与意识

参与机制是公民参与的重要保障，只有建立公正、透明、便捷的参与机制，才能激发公民的参与热情。思想政治教育话语可以通过提出建设性的参与机制，鼓励公民参与社会治理。例如，政府可以建立公民咨询机构或设立专门的参与平台，为公民提供参与社会事务的渠道和机会；同时，政府还可以通过制定相关法律法规，明确公民参与的权利和义务，保障公民的参与权益。

通过引导公民了解社会事务的重要性和必要性，传递相关信息和政策，建立公正透明的参与机制，以及开展公民教育和培训活动，思想政治教育话语为提升公民参与意识提供了重要的支持和保障。只有提高公民的参与意识，才能实现公民的主体地位和社会治理的民主化、法治化。

(二) 融合优势，增强改革发展合力

习近平同志深刻指出："当代中国正经历着我国历史上最为广泛而深刻的社会变革，也正在进行着人类历史上最为宏大而独特的实践创新。这是一个需要理论并一定能够产生理论的时代，是一个需要思想并一定能够产生思想的时代。"[1] 在现代社会中，治理合力是实现社会稳定和发展的关键因素之一。思想政治教育话语通过引导和激发公众

---

[1] 习近平：《在哲学社会科学工作座谈会上的讲话》，《人民日报》2016年5月19日第2版。

的思想觉悟和社会责任感，培养公民的道德品质和公民意识，进而增强治理合力。

1. 思想政治教育话语可以凝聚共识

共识是社会治理的基础，它能够使社会成员基于共同的价值观和目标形成一致行动。通过思想政治教育话语，可以传递正确的道德观念、社会责任感和公民意识，引导人们形成共同的价值观念。例如，通过宣传弘扬社会主义核心价值观，可以引导人们认同社会主义的基本原则和价值观，"引导广大师生做社会主义核心价值观的坚定信仰者、积极传播者、模范践行者"①，从而增强社会的凝聚力和团结力。

2. 思想政治教育话语可以提升公民素质

公民素质是公民参与社会治理的基础，也是社会发展的重要保障。思想政治教育话语通过传播科学知识和技能，提高公民的素质和能力，增强社会的创新力和竞争力。例如，通过普及法律法规知识，提高公民的法治意识和法律素养，使公民能够更好地理解和遵守法律，促进社会的法治化进程。

3. 思想政治教育话语可以促进参与和协作

参与和协作是治理合力的重要组成部分，它能够调动社会各方面的积极性和创造力，实现共同的目标。思想政治教育话语通过鼓励公民参与社会治理，提高公民的参与意识和能力，使得治理过程更加公开透明，增加公众参与的机会和渠道。例如，通过开展公民教育活动和社区参与项目，鼓励公众参与社区治理和公共事务的讨论与决策，

---

① 习近平：《在北京大学师生座谈会上的讲话》，《人民日报》2018年5月3日第2版。

增强公民的参与意识和能力。

4. 思想政治教育话语可以增强社会稳定

社会稳定是治理合力的重要目标，它能够为社会的发展提供良好的环境和条件。思想政治教育话语通过提供公正公平的价值观，提升公民的道德素质和社会责任感，增强社会的凝聚力和稳定性。例如，通过弘扬社会公德和职业道德，教育公民遵守社会规范和法律法规，增强社会的秩序和稳定。通过引导和激发公众的思想觉悟和社会责任感，培养公民的道德品质和公民意识，思想政治教育话语为实现社会稳定和发展提供了重要的支撑和保障。

三 更新发展动能

思想政治教育话语的更新与改革发展动能的提升密切相关。思想政治教育话语的更新，不仅可以引导人们树立正确的价值观，提升社会主义核心价值观的认同度和践行度，而且可以推动社会主义事业的发展。

（一）共治确保人民权利

共治是一种社会管理和治理的理念，旨在确保人民的权利得到充分保障。共治的核心理念是政府、社会和公民共同参与和管理社会事务。在这个过程中，人民的权利得到平等尊重和保护，他们有机会参与决策、监督政府行为，并享受公平和公正的社会环境。思想政治教育话语应在促进共治方面重点发力，从而保障人民权利的实现。

1. 共治通过建立民主制度来保障人民权利

民主制度赋予人民参与政治决策的权利，通过选举和公民投票等方式，人民可以选择代表他们利益的政府，并通过参与政治过程来影响决策。思想政治教育话语通过宣传和解释我国民主制度的建立和运行，为人民行使权利提供了法律和制度保障，确保人民的权利得到尊重和保护。

2. 共治通过加强法治建设来保障人民权利

法治是社会治理的基础，它通过制定和执行法律，保障人民的基本权利和自由。共治强调依法治国的原则，要求政府和公民都遵守法律，维护法律的权威和公正。思想政治教育话语通过对于法律的平等适用和公正执行的宣传和解读，保护人民免受侵犯和不公正对待，有效保障人民权利。

3. 共治通过加强公民参与来确保人民权利

公民参与是共治的核心要素，它赋予人民参与决策和监督的权利。思想政治教育推动公民参与可以通过多种方式实现，包括参与公共事务的讨论和决策、参与社会组织和公益活动、参与社会监督和舆论表达等。公民参与的目的是让人民能够直接参与决策和管理，使他们的声音被听到，权益得到保护。

4. 共治通过加强社会组织和社会资本的建设来保障人民权利

社会组织是人民自发组织起来维护自身权益的重要力量，包括工会、妇女组织、青年组织、民间团体等。共治鼓励和支持社会组织的发展，为人民提供参与和组织的平台，增强人民的凝聚力和组织力。同时，共治也强调社会资本的建设，即通过思想政治教育促进人与人之间的信任和合作关系，通过增强社会资本，增进人民之间的互信和合作，为共治提供坚实的基础。

5. 共治通过加强公共服务和社会保障来维护人民权利

公共服务和社会保障是政府履行责任、保障人民权利的重要手段。共治强调公共服务的普惠性和公平性，要求政府提供高质量的教育、医疗、社会福利等公共服务，确保人民享有基本的权益和福利。同时，共治也强调社会保障的完善，通过建立健全社会保障体系，为人民提供基本的生活保障和风险防范，使人民的权利得到充分保障。

(二) 共建凝聚发展合力

共建凝聚发展合力是推动社会经济发展的重要途径。通过共建凝聚发展合力，可以实现社会效率的提升、公平公正的实现、社会稳定的提高和创新发展的推动。因此，我们应该重视思想政治教育话语在推进共建中的积极作用，探索共建凝聚发展合力的实践路径，以此推动社会经济的持续健康发展。

1. 思想政治教育话语的更新可以推动科技创新动能的提升

在新时代，科技创新是推动社会经济发展的重要动力。思想政治教育话语的更新，可以引导人们树立科技创新的意识，提升科技创新的能力。例如，通过弘扬科学精神，提升科学素养，推动科技创新。同时，通过倡导科技创新的价值观，激发科技创新的动力，推动科技创新。此外，还可以通过弘扬科技创新的精神，提升科技创新的热情，推动科技创新。

2. 思想政治教育话语的更新可以推动人力资源动能的提升

人力资源是社会发展的重要资源，是推动社会经济发展的基本力量。思想政治教育话语的更新，可以引导人们树立正确的人力资源观，提升人力资源的开发和利用能力。例如，通过弘扬人力资源的价值观，提升人力资源的开发和利用能力。同时，通过倡导人力资源的发展观，激发人力资源的发展动力，推动人力资源的发展。此外，还可以通过弘扬人力资源的发展精神，提升人力资源的发展热情，推动人力资源的发展。

3. 思想政治教育话语的更新可以推动制度创新动能的提升

制度是社会经济发展的重要保障，是协调社会关系、规范社会行为的重要手段。思想政治教育话语的更新，可以引导人们树立正确的制度观，提升制度创新的能力。例如，通过弘扬制度创新的价值观，提升制度创新的能力。同时，通过倡导制度创新的发展观，激发制度创新的发展动力，推动制度创新的发展。此外，还可以通过弘扬制度创新的精神，提升制度创新的热情，推动制度创新的发展。

4. 思想政治教育话语的更新可以推动社会环境动能的提升

社会环境是社会经济发展的重要条件，是影响社会经济发展的重要因素。思想政治教育话语的更新，可以引导人们树立正确的社会环境观，提升对社会环境的建设和保护能力。

（三）维护人民利益

维护人民利益是社会主义的基本要求，也是国家治理的重要目标。这一目标的实现，需要国家、社会和个人的共同努力。维护人民利益不仅需要公平分配社会资源，更需要通过法律制度保障人民的基本权益，同时也要通过社会各方面的共同努力，提高人民的生活水平和社会地位。

1. 思想政治教育话语通过传播社会主义核心价值观，维护人民的思想权益

社会主义核心价值观是社会主义的精神支柱和行动指南，是人民追求美好生活的价值取向。思想政治教育话语通过宣传社会主义核心价值观，引导人民树立正确的世界观、人生观和价值观，提高人民的

思想素质和道德素质，维护人民的思想权益。

2. 思想政治教育话语通过倡导社会公平正义，维护人民的社会权益

社会公平正义是社会主义的基本原则和价值目标，是人民追求幸福生活的社会保障。思想政治教育话语通过倡导社会公平正义，引导人民参与社会公益事业和社会服务，提高人民的社会责任感和社会公德意识，维护人民的社会权益。

3. 思想政治教育话语通过推动法制建设，维护人民的法律权益

法制建设是社会主义的重要任务和保障，是人民享有权利和自由的法律保障。思想政治教育话语通过推动法制建设，引导人民遵守法律和社会规则，提高人民的法制意识和法律素质，维护人民的法律权益。

4. 思想政治教育话语通过培养社会主义建设者和接班人，维护人民的发展权益

社会主义建设者和接班人是社会主义的生力军和希望，是人民实现美好生活的重要力量。思想政治教育话语通过培养社会主义建设者和接班人，引导人民积极参与社会主义建设，提高人民的创新能力和实践能力，维护人民的发展权益。

总的来说，思想政治教育话语通过传播社会主义核心价值观，倡导社会公平正义，推动法制建设，培养社会主义建设者和接班人，有效地维护了人民的思想权益、社会权益、法律权益和发展权益。这不仅有利于人民的全面发展和社会的和谐稳定，也有利于党的长期执政和国家的长治久安。因此，我们应该高度重视思想政治教育话语的重要作用，深入开展思想政治教育活动，努力实现人民的根本利益和社会主义的共同理想。

第三节 铸牢中华民族共同体意识

一 增强各族人民对党的领导的认同

思想政治教育话语建设是提高各族人民对党的领导认同的重要手段。通过思想政治教育话语，我们可以让各族人民了解党的历史，理解党的宗旨，认识党的作用，感受党的恩情。同时，我们也可以通过思想政治教育话语，引导各族人民树立科学的世界观、人生观、价值观，帮助他们认清社会主义的优越性，坚定社会主义的信念，进而增强对党的领导的认同。

（一）加强党史教育

党史教育在思想政治教育中起着重要的作用，对于巩固和发展中国特色社会主义事业具有重要意义。历史是最好的教科书，通过学习党的历史，人民可以深入了解中国共产党的历史和党的奋斗历程，了解党的丰功伟绩，培养对中国共产党的崇敬和信任。

在理论上，党史教育可以帮助人民深入了解中国共产党的历史和党的奋斗历程。通过学习党史，人民可以了解中国共产党是如何从一个小小的政治组织发展为中国的执政党，并带领全国人民取得革命建设和改革的伟大胜利的。人们可以了解到中国共产党的初心和使命，以及党的领导在中国革命和建设中发挥的重要作用，从而更好地认同中国共产党的领导地位。

在实践上，党史教育可以通过实际案例和事实，向人民展示中国共产党的丰功伟绩。通过学习党史，人民可以了解到中国共产党在抗日战争、解放战争、社会主义建设和改革开放等历史时期的重大贡献。

人们可以了解到中国共产党带领人民实现了国家的独立和人民的解放，推动了国家的现代化建设，取得了一系列的伟大成就。这样，人民可以更加深入地认同党的发展成果，增强对党的领导的认同。

党史教育还可以通过党的先进性教育，培养人民对中国共产党的崇敬和信任。通过学习党史，人民可以了解到中国共产党的先进性和党的优良传统，如党密切联系群众、党的纪律和组织性、党的执政能力等。人民可以了解到中国共产党是一个具有坚定理想信念、无私奉献精神和为人民利益而奋斗的先进政党。这样，人民可以更加崇敬和信任中国共产党。

党史教育还可以通过实践活动和纪念活动，增强人民对祖国的认同。通过组织参观党史纪念馆、开展党史知识竞赛等活动，人民可以更加直观地了解党的历史和党的伟大事迹。同时，通过纪念党的重大历史事件和先烈的活动，人民可以深切感受到党的发展历程和做出的巨大牺牲。

党的百年奋斗历程和伟大成就是我们增强党史自信的实践基础，增强党史自信是我们坚定"四个自信"的源头活水。通过理论和实践相结合的方式，人们可以学习到党的历史发展过程、历史经验教训、历史成就和历史贡献。人们可以了解到中国共产党是一个经历过艰苦奋斗的先进政党，是中国革命和建设的中流砥柱。

(二) 深化党的理论教育

党的理论教育在思想政治教育中起着重要的作用，对于巩固和发展中国特色社会主义事业具有重要意义。党的理论教育可以帮助人们深入了解党的思想理论体系、党的先进性和党的创新理论，从而增强各族人民对党的领导的认同。

1. 党的理论教育可以帮助人们深入了解党的思想理论体系

党的思想理论体系是中国共产党的宝贵精神财富，是中国特色社会主义理论体系的重要组成部分。通过党的理论教育，人们可以学习到党的基本理论、基本路线、基本方略，了解到党的奋斗目标、奋斗道路、奋斗方法，深入了解到党的思想理论体系的科学内涵和实践价值，从而更加全面地认识到中国共产党的伟大思想理论。

2. 党的理论教育可以帮助人们深入了解党的先进性和党的优良传统

中国共产党是一个先进政党，具有坚定的理想信念、无私的奉献精神和为人民利益而奋斗的品质。通过党的理论教育，人们可以学习到党的先进性和党的优良传统，如党的密切联系群众、党的纪律和组织性、党的执政能力等。人们可以了解到中国共产党是一个坚定信仰、勇于担当、清正廉洁的政党。通过学习党的先进性和党的优良传统，人们可以深入认识中国共产党的先进性，增强对党的认同。

3. 党的理论教育可以帮助人们深入了解党的创新理论

中国共产党是一个具有创新精神的政党，始终坚持与时俱进、与时代同步。通过党的理论教育，人们可以学习到党的创新理论，如习近平新时代中国特色社会主义思想。人们可以了解到中国共产党在新的历史条件下的思想理论创新和实践创新，了解到中国共产党为推动中国特色社会主义事业发展做出的新的理论贡献。通过学习党的创新理论，人们可以深刻认识中国共产党的创新精神，增强对党的认同。

4. 党的理论教育还可以通过对教育资源的全面利用，提高党的理论教育的质量和水平

各级党委和政府应加大对党的理论教育的支持力度，提供充足的

教育资源，加强师资队伍建设，提高教学质量。同时，要加强对党的理论教育的宣传和推广，使更多的人民受益于党的理论教育，增强对党的认同。

二 增强各族人民对伟大祖国的认同

"实现中华民族的伟大复兴，是近代以来中华民族最伟大的梦想。"① 增强各族人民对伟大祖国的认同，是实现中华民族伟大复兴的重要保证。思想政治教育话语建设是培养各族人民对祖国的认同感的重要手段。通过合理的教育方式和内容，可以增强人们对祖国的热爱之情，培养爱国主义精神，促进民族团结和社会稳定。

（一）加强爱国主义教育

爱国主义是中华民族的优良传统，体现了各族人民对祖国的深厚感情和强烈认同。思想政治教育话语是培养爱国主义情感的重要途径，通过在话语教育内容、教育方式和实践环节三个方面的持续努力，可以使人们深入了解祖国的历史、文化和伟大成就，有效增强各族人民对祖国的认同，激发爱国热情，促进民族团结和社会稳定。

1. 思想政治教育的话语内容应注重培养爱国主义情感

教育内容应包括祖国的历史、文化、地理等方面的知识，让人们深入了解祖国的伟大和光荣。可以通过学习爱国主义的典型事迹和优秀文化传统，如红色经典、英雄人物的故事等，让人们感受到祖国的伟大和荣耀。同时，也要注重培养人们对祖国的认同感，让人们明白祖国的繁荣富强与自己的幸福生活息息相关，从而激发对

---

① 习近平：《决胜全面建成小康社会 夺取新时代中国特色社会主义伟大胜利——在中国共产党第十九次全国代表大会上的报告》，《人民日报》2017年10月28日第1版。

祖国的热爱之情。

2. 思想政治教育的话语方式应多样化

传统的课堂教育是思想政治教育的重要组成部分，但单一的教学方式可能会使人们产生审美疲劳。因此，应通过多种方式进行教育，以提高教育的针对性和实效性。可以通过爱国主义教育活动、主题演讲、实地考察等形式，让各族人民亲身感受祖国的伟大和美好。此外，利用现代化技术手段，如互联网等，开展网络思想政治教育，实现信息的广泛传播和互动交流，提升思想政治教育的覆盖面和影响力。

3. 思想政治教育话语的实践环节应加强

实践是检验理论的真理性和实用性的重要手段，也是培养人们对祖国认同的有效途径。在思想政治教育中，可以组织各族人民参与社会实践活动，如志愿服务、社区建设等，让人们亲身感受到祖国的进步和发展，增强对祖国的认同感。同时，加强爱国主义教育与实践相结合，通过参观红色教育基地、革命遗址等，让各族人民深入了解祖国的革命历史，感受到祖国的伟大和光荣。

（二）开展爱国主义宣传

加强爱国主义宣传是增强对祖国认同的重要手段。要加强对祖国的正面宣传，让人们了解祖国的伟大和美好。

1. 加强对祖国历史和文化的宣传，让人们深入了解祖国的传统文化和民族精神，增强对祖国的认同感

首先，我们可以通过教育系统来加强对祖国历史和文化的宣传。教育是培养人才、传承文化的重要阵地。可以通过课堂教育、校园文化建设等方式，加强对祖国历史、文化、发展成就的宣传和教育。教

师可以利用多媒体教学手段，生动形象地讲解祖国的历史和文化，让学生深入了解和认识祖国，增强对祖国的热爱之情。同时，要培养学生的社会责任感和公民意识，让他们从小就树立爱国主义观念。其次，开展主题教育活动也是加强对祖国历史和文化宣传的有效途径。可以组织爱国主义教育讲座、纪念活动、主题展览等，让人们深入了解祖国，增强对祖国的认同感。通过这些活动，人们可以了解祖国的发展成就、英雄人物和典型事迹，激发爱国情感。政府、学校、社会组织等可以共同合作，举办这些活动，让更多人参与其中。

2. 宣传祖国的发展成就，让人们了解祖国的进步和发展，增强对祖国的自豪感

加强对中国发展成就的宣传是一项重要任务，它有助于提高国内外人民对中国的了解和认同，促进国家形象的塑造和国际影响力的提升。首先，建立全面客观的话语宣传体系。加强对中国发展成就的宣传，先要建立一个全面客观的话语宣传体系。这意味着话语宣传工作要坚持客观真实、全面公正的原则，传递准确的信息。话语宣传内容应该包括中国在经济、科技、教育、文化、环境等各个领域取得的成就，同时也要公开承认存在的问题和挑战。只有这样，才能树立中国的发展形象，增强人们对中国的认同感和信任度。其次，采用多渠道、多形式进行话语宣传。加强对中国发展成就的话语宣传需要采取多渠道、多形式。除了传统的新闻媒体，还可以利用线上社交媒体等新兴媒体平台，通过文字、图片、视频等多种形式进行宣传。同时，要注重与国际社会的交流与合作，积极利用国际性组织、国际会议、文化交流活动等机会，向外界介绍中国的发展成就。同时，对中国发展成就的话语宣传，要突出中国特色和中国方案。中国的发展道路和发展模式独具特色，话语宣传工作应该充分展示中国特色社会主义的优势

和成就。例如，可以宣传中国的扶贫减贫经验、生态文明建设成就、乡村振兴战略等，让世界了解中国的发展理念和实践。最后，加强国际传播能力建设。加强对中国发展成就的话语宣传，需要加强国际传播能力建设。这包括提高话语宣传人员的专业素养和国际视野，培养一支懂外语、懂国际规则、懂国际传播的专业队伍；加强国际媒体合作，积极与国际媒体进行交流与合作，提升中国在国际舆论场的话语权；加强国际传播平台建设，建立国际传播的网络平台和传媒机构，提供多语种、多媒体的宣传服务。

三 增强各族人民对中华民族的认同

中国是一个多民族的大家庭，由 56 个民族组成。"面对复杂的国内外形势，我们更要团结一致、凝聚力量，确保中国发展的巨轮胜利前进。"[①] 在国家的统一和发展过程中，加强各族人民对中华民族的认同具有重要意义。思想政治教育话语是一种有效的手段，可以增强各族人民对中华民族的认同感。

（一）加强民族团结教育

民族团结是中华民族发展的重要基础，也是维护国家统一和社会稳定的重要保障。"人对人的剥削一消灭，民族对民族的剥削就会随之消灭。民族内部的阶级对立一消失，民族之间的敌对关系就会随之消失。"[②] 只有当各民族之间建立起平等的关系，才能够促进彼此之间的交流与融合，从而实现和谐共处的美好愿景。通过思想政治教育话语建设，可以加强对民族团结的宣传和教育，培养各族人民的团结意识

---

① 《习近平谈治国理政》第 3 卷，外文出版社 2020 年版，第 299 页。
② 《共产党宣言》，人民出版社 2014 年版，第 47—48 页。

和集体观念。弘扬各民族间友爱互助、平等互利、共同发展的精神，增强各族人民对中华民族大家庭的认同感。通过教育，让各族人民认识到只有团结一心，才能共同发展和繁荣。

(二) 加强民族地区的发展和扶贫工作

在民族地区，由于历史、地理和经济等因素的影响，存在着一些特殊的问题和挑战，如贫困、教育落后、就业困难等。发展是解决民族地区各种问题的总钥匙，加强对民族地区的发展和扶贫工作，可以提高各族人民的生活水平，增强他们对中华民族的认同感。思想政治教育话语可以加强对民族地区的宣传和教育，让各族人民深切感受到国家对他们的关心和支持，增强他们对中华民族大家庭的归属感。

1. 思想政治教育话语建设可以提高民族地区居民的思想觉悟和政治意识

在民族地区，由于历史的原因，一些居民的思想观念相对滞后，政治意识薄弱。通过思想政治教育话语，可以加强对居民的思想教育，提高他们的思想觉悟，增强他们的政治意识。这样，居民就能够更加积极地参与发展和扶贫工作，为自己的地区做出贡献。

2. 思想政治教育话语建设可以加强民族地区的文化建设和传承

在民族地区，由于特殊的历史和地理环境，民族文化的传承和发展面临许多困难。通过思想政治教育，可以加强对民族文化的宣传和教育，提高居民对自己文化的认同感和自豪感。这样，居民就能够更好地传承和发展自己的民族文化，为地区的发展和扶贫工作提供坚实的文化支持。

3. 思想政治教育话语建设可以培养民族地区的人才，推动经济发展和扶贫工作的开展

在民族地区，由于教育资源的不足和就业机会的匮乏，人才的培养和引进成为一个重要的问题。通过思想政治教育话语，可以加强对居民的教育培训，提高他们的综合素质和就业能力。同时，思想政治教育话语还可以引导和鼓励有能力的人才回到自己的地区，为地区的经济发展和扶贫工作做出贡献。

4. 思想政治教育话语建设还可以加强民族地区的社会管理和治理能力

在民族地区，由于历史和文化的原因，社会管理和治理存在一些特殊的问题。通过思想政治教育话语，可以加强对居民的法律法规教育，提高他们的法律意识和法治观念。同时，思想政治教育话语还可以加强对地方干部的培训和教育，提高他们的管理和治理能力。这样，就能够更好地解决民族地区的社会问题，促进社会的和谐稳定。

（三）加强多民族交流和交往

多民族之间的交流和交往是增强各族人民对中华民族认同的重要途径。习近平总书记强调，要"深化民族团结进步教育，铸牢中华民族共同体意识，加强各民族交往交流交融，促进各民族像石榴籽一样紧紧抱在一起，共同团结奋斗、共同繁荣发展"①。通过思想政治教育话语建设，宣传多元文化教育的重要性，可以增强各族人民对不同文化的理解和尊重，促进各民族之间的交流和交往。同时，建立多

---

① 习近平：《决胜全面建成小康社会 夺取新时代中国特色社会主义伟大胜利——在中国共产党第十九次全国代表大会上的报告》，《人民日报》2017年10月28日第1版。

元文化交流平台,组织各种形式的文化交流活动,如文化展览、文化节庆等,也能够为各民族之间的交流提供平台。通过这些活动,各民族可以展示自己的文化特色,增进彼此之间的了解和认同。可以加强各民族之间的交流和交往,促进相互了解和交流,增强彼此之间的认同感和凝聚力。

在进行思想政治教育话语建设的过程中,需要注意以下几点。首先,要注重思想政治教育话语的实效性和针对性。要根据民族地区的实际情况,制订具体的教育计划和措施,确保教育的实效性和针对性。其次,要注重思想政治教育话语的多样性和创新性。要通过多种形式和渠道,开展思想政治教育活动,提高教育的吸引力和影响力。最后,要注重思想政治教育话语机制的持续性和长效性。要建立健全的教育机制和体制,确保教育工作的持续性和长效性。

四 增强各族人民对中华文化的认同

中华文化作为中华民族独特的精神标识,承载着丰富的历史、哲学、文学、艺术等内涵,是中华民族的独特精神追求和价值观念的集中体现。中华文化的认同是一个复杂而长期的过程,需要通过多种手段和措施来实现。思想政治教育话语作为一种重要手段,可以在加强中华文化的宣传和普及、弘扬中华文化的精神内涵、培养中华文化的传承人才、构建中华文化的价值体系等方面发挥重要作用,帮助人们增强对中华文化的认同。只有人们真正认同和热爱中华文化,才能够传承和发展中华文化,为中华民族的繁荣和进步做出贡献。

(一)加强中华文化的宣传和普及

中华文化的认同需要从基础开始,加强对中华文化的宣传和普及是非常重要的一步。思想政治教育话语可以通过多种形式和渠道，向人们传递中华文化的知识和信息，提高人们对中华文化的认知和理解。例如，可以在学校教育中加大对中华文化的教育力度，开设中华文化课程，引导学生了解中华文化的起源、发展和特点。同时，可以利用互联网、电视、广播等媒体，开展中华文化的宣传活动，向公众展示中华文化的魅力和价值。通过这些宣传和普及活动，可以让更多的人了解中华文化，增强对中华文化的认同感。

(二) 弘扬中华文化的精神内涵

中华文化的认同不仅仅是对文化形式的认同，更重要的是对文化精神的认同。思想政治教育话语可以通过弘扬中华文化的精神内涵，引导人们从价值观念、道德准则、人生观念等方面认同中华文化。例如，可以通过教育和培训，向人们传递中华文化的核心价值观。同时，可以通过讲故事、演戏、写文章等方式，传递中华文化的美德和精神，激发人们对中华文化的认同和热爱。通过弘扬中华文化的精神内涵，可以让人们深入感受中华文化的魅力，增强对中华文化的认同感。

(三) 培养中华文化的传承人才

弘扬中华文化，需要有一支具备传承能力的人才队伍。思想政治教育话语可以通过培养中华文化的传承人才，为中华文化的传承和发展提供强有力的人才支持。首先，可以加强对中华文化的专业教育和培训，培养一批具备专业知识和技能的中华文化传承人才。其次，可以引导和鼓励年轻人从事中华文化的研究和传承工作，激发他们对中华文化的兴趣和热情。同时，可以建立中华文化传承人才的评价和激励机制，提高他们的社会地位和待遇，吸引更多的人才从事中华文化的传承工作。通过这些措施，可以培养一支具备传承能力的中华文化人才队伍，为中华文化的传承和发展提供强大的人才支持。

（四）构建中华文化的价值体系

传承中华文化，需要有一套完整的价值体系来支撑。思想政治教育话语可以通过构建中华文化的价值体系，引导人们从价值追求、行为规范、社会关系等方面认同中华文化。首先，可以通过教育和宣传，向人们传递中华文化的核心价值观念，引导人们树立正确的价值观念和行为准则。其次，可以通过法律法规和制度建设，保护和弘扬中华文化的价值观念，为人们提供良好的价值引导和行为规范。同时，可以通过社会组织和社区建设，营造一个中华文化价值的传播和交流平台，让人们在生活中体验和实践中华文化的价值观念。通过构建中华文化的价值体系，可以让人们在日常生活中感受到中华文化的影响和力量，增强对中华文化的认同感。

五 增强各族人民对中国特色社会主义道路的认同

中国特色社会主义道路是在中国共产党领导下，中国人民自主选择的一条适合中国国情的发展道路，是中国人民长期奋斗和实践的结果，是中国特有的发展道路。人民只有真正认同和拥护中国特色社会主义，才能够共同推动中国特色社会主义事业的发展，为实现中华民族的伟大复兴做出贡献。通过思想政治教育话语建设，可以加强人民对中国特色社会主义道路的认同，激发人们对中国特色社会主义事业的热爱和信心。

（一）阐明中国特色社会主义道路的历史背景和理论基础

思想政治教育话语可以通过加强对中国特色社会主义道路的宣

传和普及，让人民了解和认同这条道路的正确性和优势。首先，可以通过各种媒体和渠道，向人民宣传中国特色社会主义道路的理论基础、历史背景、发展成就和未来方向。让人民了解到中国特色社会主义道路是符合中国国情、具有中国特色的一条正确道路。中国特色社会主义道路的形成经历了中国共产党领导的革命斗争和建设，是在中国特殊国情下形成的一种发展道路。了解中国特色社会主义道路的历史背景和理论基础，可以更好地理解其发展逻辑和内在原因。其次，可以组织各种形式的宣传活动，如座谈会、讲座、展览等，向人民普及中国特色社会主义道路的知识和精神，让人民深入了解和体验中国特色社会主义的实践成果和发展前景。通过加强中国特色社会主义道路的宣传和普及，可以增强人民对这条道路的认同和自豪感。

（二）揭示中国特色社会主义道路的精神内涵

对中国特色社会主义道路的认同不仅仅是对一种制度和模式的认同，更是对其背后的精神内涵的认同。思想政治教育话语可以通过弘扬中国特色社会主义的精神内涵，激发人们对这种精神的认同和追求。首先，可以通过教育和宣传，向人民传递中国特色社会主义的核心价值观，引导人们树立正确的价值观念和行为准则。其次，可以通过弘扬中国特色社会主义的先进典型和道德模范，让人民感受到中国特色社会主义的精神力量和道德魅力。通过弘扬中国特色社会主义的精神内涵，可以增强人民对这种精神的认同和追求，使其成为人们行为准则和精神追求的重要内容。

（三）加强话语宣传和教育工作

思想政治教育话语宣传和教育是增强对中国特色社会主义道路

理解和认同的重要手段。通过话语宣传和教育，可以向人们传达中国特色社会主义道路的理念、目标和成就，增强人们对其的认同感。其一，明确话语宣传目标和话语宣传内容。话语宣传目标是指预期宣传工作将达到的效果，如增强人们对中国特色社会主义道路的理解和认同。话语宣传内容是指宣传工作的主要内容，可以包括中国特色社会主义道路的历史背景、理论基础、实践经验等。其二，通过多种渠道进行话语宣传。这包括传统媒体如电视、广播、报纸等，也包括新媒体如线上社交媒体等。通过不同的媒体渠道，可以将话语宣传内容传递给更广泛的受众，提高话语宣传的覆盖面和影响力。其三，创新话语宣传形式。为了提高话语宣传效果，可以创新话语宣传形式。这包括制作宣传片、动画、微电影等，通过生动形象的方式展示中国特色社会主义道路的理念、目标和成就。同时，可以开展主题展览、专题讲座、座谈会等活动，邀请专家学者和实践者分享经验，增加话语宣传的互动性和参与性。其四，加强教育培训。通过开展培训班、研讨会等形式，向话语宣传工作者、教师、学生等人群传授中国特色社会主义道路的知识和理论，提高他们的话语宣传能力和水平。同时，可以加强对学校教育、社会教育等方面的指导，将中国特色社会主义道路的宣传融入教育教学。其五，加强国际交流与合作。通过与其他国家和地区的交流与合作，可以让国际社会了解和认同中国特色社会主义道路。可以开展国际学术交流、文化交流、经济合作等活动，通过多种方式向国际社会传递中国特色社会主义道路的理念和成就。

（四）加强中国特色社会主义的制度建设

中国特色社会主义的认同还需要有一套完善的制度体系来支撑。

思想政治教育话语可以通过加强中国特色社会主义的制度建设宣传，让人民深入了解和认同中国特色社会主义的制度优势和价值。首先，可以通过教育和宣传，向人民普及中国特色社会主义的制度基础、原则和特点，让人民了解到中国特色社会主义制度是符合中国国情、具有中国特色的一套优良制度。其次，可以通过法律法规和制度建设，保护和弘扬中国特色社会主义的制度优势和价值，为人民提供良好的制度保障和环境。

参考文献

一　经典文献

《马克思恩格斯文集》第1卷，人民出版社2009年版。

《马克思恩格斯选集》第1—4卷，人民出版社2012年版。

《马克思恩格斯全集》第1—3卷，人民出版社1995年版。

《列宁选集》第1卷，人民出版社2012年版。

《列宁全集》第36卷，人民出版社1959年版。

《毛泽东选集》第1—4卷，人民出版社1991年版。

《共产党宣言》，人民出版社2014年版。

《习近平谈治国理政》第2卷，外文出版社2017年版。

《习近平谈治国理政》第3卷，外文出版社2020年版。

《习近平总书记系列重要讲话读本》，学习出版社、人民出版社2016年版。

《习近平关于社会主义文化建设论述摘编》，中央文献出版社2017年版。

习近平：《决胜全面建成小康社会　夺取新时代中国特色社会主义伟大胜利——在中国共产党第十九次全国代表大会上的报告》，人民出版社2017年版。

习近平:《高举中国特色社会主义伟大旗帜 为全面建设社会主义现代化国家而团结奋斗——在中国共产党第二十次全国代表大会上的报告(2020年10月16日)》,人民出版社2022年版。

《习近平总书记教育重要论述讲义》,高等教育出版社2020年版。

《中国共产党组织史资料》第8卷,中共党史出版社2000年版。

《中华人民共和国第五届全国人民代表大会第二次会议文件》,人民出版社1979年版。

二 中文专著

柳建辉、曹普主编:《中国共产党执政历程(1921—1949)》第1卷,人民出版社2011年版。

骆郁廷主编:《当代大学生思想政治教育》,中国人民大学出版社2010年版。

邱仁富:《思想政治教育话语论》,上海交通大学出版社2013年版。

孙晓琳:《思想政治教育话语发展研究》,中国社会科学出版社2022年版。

吴琼:《思想政治教育话语发展研究》,中国社会科学出版社2017年版。

王浦劬等:《政治学基础》(第四版),北京大学出版社2018年版。

张耀灿、陈万柏主编:《思想政治教育学原理》,高等教育出版社2001年版。

中共中央宣传部编著:《中国共产党宣传工作简史》,人民出版社2022年版。

三 中文译著

[古罗马]奥古斯丁:《论自由意志:奥古斯丁对话录二篇》,成官泯

译，上海人民出版社 2010 年版。

[英] 费尔克拉夫：《话语与社会变迁》，殷晓蓉译，华夏出版社 2003 年版。

[古希腊] 亚里士多德：《政治学》，颜一、秦典华译，中国人民大学出版社 2003 年版。

四　中文期刊

艾四林、王贵贤：《民族性、时代性和人民性与马克思主义的发展》，《清华大学学报》（哲学社会科学版）2008 年第 S1 期。

柴新珂：《新中国成立以来思想政治教育话语的历史沿革与启示》，《学校党建与思想教育》2021 年第 20 期。

陈力丹：《党性和人民性的提出、争论和归结——习近平重新并提"党性"和"人民性"的思想溯源与现实意义》，《安徽大学学报》（哲学社会科学版）2016 年第 6 期。

董波：《亚里士多德论民主》，《世界哲学》2019 年第 6 期。

高鑫：《改革开放以来中国共产党思想政治教育话语体系的发展历程与基本经验》，《思想教育研究》2019 年第 7 期。

郭毅然：《交往理性：思想政治教育话语变革的根基》，《探索》2007 年第 5 期。

郝立新、王丽丽：《论习近平新时代中国特色社会主义时代观及其当代价值》，《江汉论坛》2019 年第 3 期。

黄裕生：《理性的"理论活动"高于"实践活动"——论亚里士多德伦理学的"幸福观"》，《云南大学学报》（社会科学版）2017 年第 5 期。

黄裕生：《论自由与伦理价值》，《清华大学学报》（哲学社会科学版）2016 年第 3 期。

季海菊：《话语重塑：高校思想政治教育的时代要求》，《学海》2013年第6期。

金民卿：《马克思主义中国化思想发展的百年历程》，《思想理论教育导刊》2021年第3期。

寇清杰：《列宁人民群众观及其当代价值》，《思想理论教育导刊》2013年第10期。

李松楠、杨兆山：《以人民为中心教育发展思想的百年审思》，《国家教育行政学院学报》2021年第6期。

李韵琦、陈坤：《建党百年思想政治教育话语体系的逻辑源点与历史经验》，《思想政治教育研究》2021年第3期。

刘冀瑗：《习近平新时代中国特色社会主义思想的人民性及其价值》，《河北省社会主义学院学报》2021年第2期。

刘真金、肖铁肩：《从〈法兰西内战〉看马克思的人民主体思想及其当代价值》，《马克思主义研究》2011年第5期。

鲁明川、朱存华：《中国共产党百年思想政治教育话语体系的历史演进与现实启示》，《学校党建与思想教育》2021年第9期。

骆郁廷、项敬尧：《论新时代思想政治教育创新发展的基本遵循》，《思想理论教育》2018年第1期。

马云志、付静伟：《思想政治教育话语权威的现实困境及其超越》，《思想教育研究》2022年第7期。

孟莉：《新媒体视域下大学生思政教育大众化的双重影响》，《内蒙古财经大学学报》2020年第3期。

苗双双、冯建军：《人民性：中国特色社会主义教育理论的核心》，《中国教育科学》（中英文）2022年第1期。

欧阳光明、刘秉鑫：《新媒体时代思想政治教育话语权及其建构维度》，

《思想理论教育》2016 年第 6 期。

邱仁富：《思想政治教育话语的基本结构和功能》，《思想政治教育研究》2011 年第 5 期。

邱仁富：《改革开放三十年思想政治教育话语理论发展探微》，《求实》2008 年第 11 期。

邱仁富：《论新中国 60 年思想政治教育话语发展的曲折历程》，《求实》2010 年第 1 期。

史姗姗：《思想政治教育话语权的马克思主义立场及其实践》，《学校党建与思想教育》2017 年第 19 期。

史泽源：《组织驱动宣传：再论新中国成立初期的宣传网建设》，《中共中央党校（国家行政学院）学报》2021 年第 4 期。

宋月红：《论树立正确党史观》，《机关党建研究》2021 年第 5 期。

孙晓琳、庞立生：《改革开放以来思想政治教育话语变迁研究》，《学校党建与思想教育》2019 年第 1 期。

孙晓琳、庞立生：《思想政治教育话语传播的本质规定、生活基础与叙事逻辑》，《思想教育研究》2022 年第 5 期。

孙照红：《小康社会建设的历史轨迹和现实启示》，《长白学刊》2021 年第 5 期。

汪亭友：《马克思主义的本质概括：无产阶级争取自身和全人类获得彻底解放的科学——兼论马克思主义的阶级性与科学性、人民性的统一》，《政治学研究》2011 年第 1 期。

王炳林：《共和国成长之道——为什么能够实现从站起来、富起来到强起来的伟大飞跃》，《当代世界与社会主义》2019 年第 3 期

王东红、魏宗媛：《建党百年思想政治教育话语演变及经验启示》，《吉林师范大学学报》（人文社会科学版）2021 年第 3 期。

王强:《习近平新时代意识形态话语权建构的"老话题"与"新特征"》,《理论导刊》2018年第10期。

王汝秀:《中国化马克思主义的人民性》,《探索》2004年第1期。

王易:《习近平断时代中国特色社会主义思想的人民性意蕴》,《人民论坛》2020年第24期。

王永祥:《"语言"与"话语":两种语言哲学视角论略》,《外语学刊》2010年第4期。

王振林:《约翰·杜威与民主交往理论》,《吉林大学社会科学学报》2010年第5期。

吴琼、纪淑云:《马克思主义大众化语境中的思想政治教育话语变革》,《求实》2010年第10期。

肖立辉:《全过程人民民主:人类政治文明的民主新探索》,《中国党政干部论坛》2021年第7期。

熊治东:《马克思人民主体思想及其当代价值——兼论习近平新时代"以人民为中心"思想的马克思主义之源》,《河南大学学报》2019年第1期。

徐卫红:《中国共产党领导下中国百年教育的人民性特征》,《教育史研究》2021年第2期。

杨彬彬:《人民性思想表达的话语演进与现实意义》,《思想教育研究》2019年第4期。

杨叶平:《习近平新时代中国特色社会主义思想的话语特征及影响力提升路径》,《中共天津市委党校学报》2019年第4期。

杨哲、李志军:《马克思的人民主体思想及其当代价值》,《理论月刊》2017年第1期。

于海青:《坚持以人民为中心发展教育——深入理解习近平总书记关于

教育工作重要论述的人民性蕴涵》，《人民论坛》2019 年第 6 期。

苑国华：《论布迪厄的社会语言学——"语言交换的经济"理论》，《北方论丛》2009 年第 2 期。

张玲：《百年大党对中国民主政治的探索创新——纪念中国共产党成立 100 周年》，《天津市社会主义学院学报》2021 年第 2 期。

张兆延：《习近平理想信念观的主要内涵及其时代价值》，《福建教育学院学报》2020 年第 4 期。

张智：《新时代中国共产党思想政治教育的坚持与创新》，《广西大学学报》（哲学社会科学版）2020 年第 2 期。

甄贞：《百年来党的话语体系的演变脉络及现实定位》，《河北学刊》2022 年第 2 期。

邹绍清：《论意识形态的党性和人民性统一及其实践路径——兼论思想政治教育创新的实践导向》，《马克思主义研究》2014 年第 7 期。

五　学位论文

窦星辰：《新时代高校思想政治教育话语体系建构研究》，博士学位论文，河北大学，2021 年。

高惠敏：《新时代高校思想政治教育话语转换研究》，硕士学位论文，合肥工业大学，2021 年。

潘晴雯：《高校思想政治教育话语体系转换研究》，博士学位论文，东南大学，2012 年。

王慧婷：《思想政治教育话语的历史演变和创造性转换》，硕士学位论文，浙江大学，2019 年。

王咏梅：《思想政治教育话语发展研究》，博士学位论文，辽宁大学，2018 年。

六　中文报纸

《习近平在中共中央政治局第三十次集体学习时强调：加强和改进国际传播工作　展示真实立体全面的中国》，《人民日报》2021年6月2日第1版。

《中共中央关于制定国民经济和社会发展第十四个五年规划和二〇三五年远景目标的建议》，《人民日报》2020年11月4日第1版。

习近平：《决胜全面建成小康社会，夺取新时代中国特色社会主义伟大胜利——在中国共产党第十九次全国代表大会上的报告》，《人民日报》2017年10月28日第1版。

习近平：《在庆祝改革开放40周年大会上的讲话》，《人民日报》2018年12月19日第2版。

习近平：《在哲学社会科学工作座谈会上的讲话》，《人民日报》2016年5月19日第2版。

习近平：《在北京大学师生座谈会上的讲话》，《人民日报》2018年5月3日第2版。

习近平：《在纪念马克思诞辰200周年大会上的讲话》，《人民日报》2018年5月5日第2版。

后　　记

　　自 2003 年给本校思想政治教育专业本科学生讲授"思想政治教育学原理"到现在给硕士研究生讲授"思想政治教育理论与方法",算起来已有 20 余年了。这期间,在从事思想政治教育的理论与实践研究过程中,体会颇多,感受亦深。思想政治教育实践活动很大程度上是通过话语进行道理阐释的,可以说,话语的质量影响着思想政治教育有效性的发挥。近些年,思想政治教育话语研究逐渐被广大思想政治教育工作者所重视,从各种不同的视角、不同的学科切入,进行相关研究,取得了大量成果,推动了思政话语研究的深入发展。这部书稿是在本人承担的教育部人文社会科学研究规划基金项目"建党百年来思政教育话语演进研究:以人民性为视角"结题报告基础上修改完成的。我在课题研究和撰写书稿的过程中,以多年的知识积累和研究心得为基础,查阅了大量资料,并通过对思想政治教育话语实践的总结和相关案例剖析,历时三年完成对书稿的写作。

　　在此书付梓之际,感慨良多,书稿的顺利出版,需要感谢很多人。感谢吉林师范大学把本书列入专著资助项目；感谢中国社会科学出版社程春雨老师在本书选题、写作和出版过程中用心指导；感谢我的研究生王淼、赵月、史春娇协助进行了书稿校对工作。日后只有在学术研究上继续奋发努力，才能不辜负大家的支持与帮助。

闫　薇

2023 年 9 月 19 日